幼児理解からはじまる
保育・幼児教育方法
〔第2版〕

編集・著 | 小田　豊・中坪史典

編集協力・著 | 上田敏丈・岡田たつみ・奥山優佳
| 香曽我部琢・中田（後藤）範子

著 | 池田隆英・石井章仁・髙橋貴志
| 竹川慎哉・富田昌平・松浦浩樹
| 三浦正子・三井真紀・和田美香

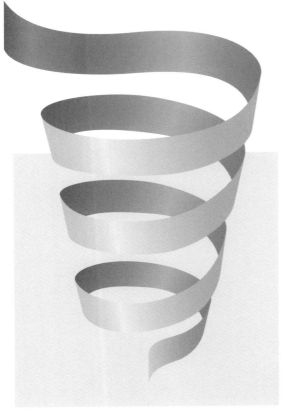

建帛社
KENPAKUSHA

はじめに

　保育実践の基盤は，保育者の幼児理解にあるといわれるように，保育者がその子をどう理解するのかによって，保育のありようは大きく異なります。たとえば，ダンゴ虫を探し回っている A 男の傍らに寄り添う保育者が，「彼はダンゴ虫の何に興味を示しているのか？」「なぜそれに興味を示すのか？」などを推理しながら，一緒にダンゴ虫を探しているとしましょう。この保育者のかかわりは，＜A 男＞理解に基づいた，彼の「今ここ」を援助する行為といえるでしょう。つまり保育者の幼児理解は，保育実践の出発点なのです。

　本書は，将来保育者を目指す学生の方や，保育所・幼稚園に勤務する保育者の方を対象に，幼児理解にはじまる保育の援助と方法について提示するものです。従来，保育・幼児教育の方法に関する書籍の多くは，保育の形態や方法，行事，家庭・地域・小学校との連携などの解説に重点が置かれており，幼児理解に基づいた具体的な保育場面における保育者の援助の在り方については，必ずしも十分に扱われてこなかったように思います。

　これに対して本書は，幼児理解を起点に，保育を計画（デザイン）し，実践し，省察することで，新たな幼児理解を再構成するという循環モデルを提示したところが特徴です（本書では，これを保育実践サイクルと名付けました）。本書は，次の3部構成で展開されています。第1部は，理論編（1～3章）です。保育者の幼児理解と保育計画について解説します。第2部は，実践編（4～11章）です。8つの具体的な保育場面について，保育実践サイクルに基づいて解説します。第3部は，再び理論編（12～13章）です。保育者の省察を促す方法としての記録とカンファレンスについて解説します。つまり本書は，保育の方法を Brush Up するための，「幼児理解→保育計画（デザイン）→保育実践→省察」の＜4つの専門性（ちから）＞の循環モデルが提示されているのです。

　さあ，みなさん，早速本書を紐解いてみてください。そして幼児理解を起点とし，新たな幼児理解を再構成する保育実践の意味を読み解いてみようではありませんか。

　最後になりましたが，本書の作成にあたっては，編集協力者として，上田敏丈氏，岡田たつみ氏，奥山優佳氏，香曽我部琢氏，中田（後藤）範子氏（50音順）にご尽力を頂きました。本書の企画策定から原稿校正に至るまで，ML を通して活発な討論を展開してきました。また，建帛社の黒田聖一氏には，今回このような貴重な機会を与えて頂くとともに，編集の過程では，ML を通して適切なご助言を頂きました。ここに心より感謝申し上げます。

　2009 年 12 月

小田　豊・中坪史典

第2版にあたって

　2017年に「保育所保育指針」「幼稚園教育要領」「幼保連携型認定こども園教育・保育要領」が改定（訂）されました。私達は，「幼児期の終わりまでに育ってほしい姿」に向けた保育をどのように行えばよいのでしょうか。達成すべき学習目標が明示化される小学校教育においては，授業を計画し（Plan），計画に沿って実践し（Do），計画通りに実践されたかを確認し（Check），改善することで（Action），児童の学習状況や到達度を評価し，授業方法の改善に努めます。PDCAと呼ばれるマネジメント・サイクルを通して教師は，自らの授業方法を吟味するのです。

　他方，幼児教育では，計画から出発し，実践，確認，改善するよりも，むしろ保育者の幼児理解から出発することを重視します。保育者が幼児を理解し（Understand），そこから保育を計画・デザインし（Design），実践し（Do），省察することで（Reflection），幼児理解を再構成するのです。

　本書では，PDCAとは異なるマネジメント・サイクルを「4つの専門性」に基づいた「保育実践サイクル」（UDDR）として提案します。幼児のために，ともに歩む保育者について考える一助として本書をご活用いただけるとしたら，編者・著者として喜びに堪えません。

　　2019年8月

小田　豊・中坪史典

もくじ

序章　はじめに　1

1. 保育の方法をBrush Upする＜4つの専門性＞ ……………………………1
(1) 保育の方法って何だろう？　1
(2) 保育の方法を支える「4つの専門性」って何だろう？　2
(3) 「4つの専門性」の循環モデル　3

2. 各章のダイジェスト ……………………………………………………………4
(1) 幼児を理解し，保育を計画（デザイン）するとは？：〈理論編〉　4
(2) 保育を実践するとは？：〈実践編〉　5
(3) 保育を省察するとは？：〈理論編〉　6

1章　幼児理解と保育者の援助　7

1. 幼児理解とは ……………………………………………………………………7
(1) 幼児理解と援助　7
(2) 一人一人の＜その子＞理解へ　8
(3) 自分が思い描く＜その子＞像　8

2. ＜その子＞理解のプロセス …………………………………………………9
(1) ＜その子＞を理解する手立て　9
(2) 新しくなり続ける＜その子＞理解　11

3. 振り返ることにより新しくなる＜その子＞理解 …………………………13

2章　保育の計画（カリキュラム・デザイン）と環境構成　15

1. 保育の計画を立てることの意味 ……………………………………………15
(1) はじめに　15
(2) 計画的に保育を行う幼稚園・保育所・認定こども園　16
(3) 遊びの指導を計画的に行うこと　16

2. 保育の計画の特徴 － 幼児理解に基づく保育計画 － ………………… 18
 （1）「計画を立てる」ということ　18
 （2）　保育記録を書くということ　19
 （3）　保育記録と保育の計画　19

3. 保育の計画と環境構成 ……………………………………………………… 21
 （1）　自らの保育を「見る」機会の保障　21
 （2）　計画的な環境構成と保育の日常への意味付け　21
 （3）　計画的な環境構成と保育の計画性の明確化　22

3章　幼児の遊びと発達　23

1. 遊びの定義と分類 ……………………………………………………………… 23
 （1）　人間はどうして遊ぶのか　23
 （2）　遊びとはいったい何か　24

2. 遊びと発達 ……………………………………………………………………… 25
 （1）　遊びを通して何が発達するのか　25
 （2）　遊びの面白さを探究すること　26

3. 子どもの発達に伴う遊びの展開 …………………………………………… 27
 （1）　いないいないばあ遊び　27
 （2）　かくれ遊びからマテマテ遊びへ　28
 （3）　追いかけ遊びから鬼ごっこへ　29

4章　登降園場面における保育者の援助と保護者対応　33

1. 登降園場面における保育者の援助と保護者対応の基本的な考え方 ‥ 33
 （1）　登園場面の基本的な事柄と保育者の援助　33
 （2）　降園場面の基本的な事柄と保育者の援助　35
 （3）　登降園場面での保護者対応の考え方　35

2. 幼児理解からはじまる「登降園場面」での事例 ………………………… 38
 （1）　登園場面の事例（保育所　4歳児男児　4月）　38
 （2）　降園場面の事例（保育所　5歳児男児　6月）　40

3. まとめ ……………………………………………………………………………… 41
 （1）　その子の生活全体から理解への方法を探る　41

（2）　登園時も降園時も，前日や翌日との繋がりを大切に考える　41
　　（3）　保育者の専門性は，幼児一人一人に作用する　42

5章　幼児の遊びの発展と保育者の援助　43

　1. 遊びの発展と保育者　…………………………………………………　43
　　（1）　「遊びの発展」と「援助」とは何か　43
　　（2）　遊びにみられる「思考力の芽生え」と「知的好奇心」　44
　2. 幼児理解からはじまる「遊びの発展」　………………………………　46
　　（1）　保育実践サイクル　46
　　（2）　実践事例から　48
　3. まとめ　………………………………………………………………　49

6章　協同する経験と保育者の援助　51

　1. 保育における協同する経験と学び　……………………………………　51
　　（1）　協同する経験とは　51
　　（2）　協同する経験を支える保育者の省察　52
　2. 省察に基づく協同する経験　……………………………………………　53
　　（1）　遊びの行き詰まりを省察する　53
　　（2）　協同する経験と保育者の援助　58

7章　幼児同士のトラブルと保育者の援助　59

　1. 幼児のトラブルを読み解く保育者のまなざし　………………………　59
　　（1）　トラブルの原因はどこにあるのか　59
　　（2）　幼児理解のまなざしを転換する - 異質との交わりの欠如 -　60
　2. 幼児同士のトラブルに対する保育者の援助　…………………………　61
　　（1）　日本の事例　61
　　（2）　海外での実践事例 - オーストラリアの場合 -　64
　3. まとめ　………………………………………………………………　66
　　（1）　幼児同士のトラブルに対応する保育者の専門的知識とスキル　66

8章　食育に関する活動と保育者の援助　69

 1. 食育の意義と現状··· 69
 2. 保育における食育··· 69
  (1) 幼稚園教育要領，保育所保育指針，幼保連携型認定こども園教育・
   保育要領に見られる食育に関する記述　69
  (2) 幼児の孤食と共食　70
  (3) 保育所における食育に関する指針　71
  (4) 発達過程に応じた幼児の食育　72
 3. 食育に関連した保育実践例··· 72
  (1) 行事と関連した保育実践サイクル　72
  (2) 幼児の実態の理解からはじまる保育実践サイクル　74
 4. まとめ··· 76
  (1) 食育における「行事と関連した保育実践サイクル」と「幼児の実態
   の理解からはじまる保育実践サイクル」　76
  (2) 食育における保育実践サイクル　77

9章　「障害児」への理解と援助の方法　79

 1.「障害」についての基礎的理解·· 79
  (1)「障害」への意味付け　79
  (2)「障害」の分類　80
  (3)「障害」の特徴　81
 2.「障害児」の理解と援助の方法（事例紹介）······························ 82
  (1) 複数の障害をもつタケルくん　82
  (2) 入園から1年間の軌跡　83
  (3) タケルくんへの理解と援助 – 排泄指導・着脱練習を例に –　84
 3. 事例にみる理解と援助の基本的な枠組み································· 87
  (1) 保育実践は複数の軸に沿って進行する　88
  (2) 理解と援助には2つの枠組みが必要である　88
  (3) 可能性を閉ざさない・自分だけで抱えない　89
 4. 事例を発展的にとらえるために··· 89
  (1)「障害」への関係論的アプローチ　89

（2）臨床的な保育実践の「前提」　90

10章　連続性を踏まえた保育と保育者の援助　91

1. 保育者に求められる「学びと生活の連続性」とは ･････････ 91
　　　（1）幼稚園教育要領における「連続性」とは　91
　　　（2）「連続性」が確保された保育実践とは　92

2.「連続性」を踏まえた保育実践とは ･････････････････････ 94
　　　（1）保育実践の紹介　94

3. まとめ ･･･ 97
　　　（1）保育における「連続性」を踏まえるために　97
　　　（2）最後に　98

11章　家庭との連携と保育者の援助　101

1. 家庭との連携とは ･････････････････････････････････････ 101
　　　（1）保育者の"幼児理解"からはじまる「家庭との連携」　101
　　　　　-『幼稚園教育指導資料第2集』より-
　　　（2）「家庭との連携」と「保護者に対する子育て支援」　102
　　　　　-『幼稚園教育要領』『保育所保育指針』『幼保連携型認定こども
　　　　　園教育・保育要領』より-

2. 幼児理解からはじまる「家庭との連携」の実際 ･･････････ 104
　　　（1）幼児の実態と保育者の幼児理解　104
　　　（2）保育の実際と家庭との連携　105
　　　（3）その後のA子と保護者　107
　　　（4）実践事例から見えてきたこと　110

3. まとめ ･･･ 110

12章　保育者の省察を促すための保育記録　111

1. 保育における記録の意義 ････････････････････････････ 111
2. 記録の様々な方法 ････････････････････････････････ 113
　　　（1）日常的な保育の記録　113
　　　（2）エピソード記録　113

(3) 映像による記録　114
(4) ポートフォリオ・ドキュメンテーション　115
(5) 計画についての評価の記録　115

3. 記録の内容 ……………………………………………………………… 116
4. 記録を用いた評価・研修 ……………………………………………… 117
   (1) 記録から取り出して評価を行う　117
   (2) 記録を生かした研修を行う　118
   (3) 改善に生かすための記録作成の留意点，自己評価・外部評価との関連　119
5. まとめ ………………………………………………………………… 120

13章　保育者の省察とカンファレンス　121

1. 「省察」と「カンファレンス」 ………………………………………… 121
   (1) 省察とは何か？　121
   (2) カンファレンスとは何か？　123
2. 個人の省察 ……………………………………………………………… 124
   (1) 日々の保育を振り返る　124
   (2) メンタリングによる学び　125
   (3) まとめ－省察とは展開可能性を考察すること－　126
3. 共同の省察 ……………………………………………………………… 126
   (1) 同僚性とは？　126
   (2) カンファレンスでの共同の省察　127
   (3) まとめ－必要なのは保育を批評すること－　128

終章　おわりに　129

1. 「PDCA サイクル」V.S.「保育実践サイクル」 ……………………… 129
   (1) 「PDCA サイクル」は保育の方法の Brush Up に繋がるのか？　129
   (2) 「計画」を起点とした保育実践 V.S.「幼児理解」を起点とした保育実践　129
   (3) 目標達成のための改善 V.S. 幼児理解の再構成のための省察　130

索　引 ……………………………………………………………………… 131

はじめに

▶ ・「保育実践サイクル」の循環モデルについて学ぶ
・保育の方法を Brush Up する＜4つの専門性＞って何だろう
・＜4つの専門性＞の循環モデルって何だろう

1. 保育の方法を Brush Up する ＜4つの専門性＞

(1) 保育の方法って何だろう？

　アメリカテネシー州の研究は，保育経験が「10年以上」と「10年未満」の保育者に育てられた子どもを比べたとき，前者の子どもの方が後者の子どもよりも，27歳になったときに約 1,104 米ドル（約 12 万 5,000 円）ほど年収が高いという結果を報告した[1]。どちらの保育者に育てられた子どもも，読解力や数学の成績などの発達に差は見られなかったが（中学校2年生時点），「10年以上の保育者に育てられた子ども」の方が，他者とうまくやっていく能力，肯定的態度，しつけられていることなどが培われており，その差が社会人になってからの職場での働きぶりに影響を与え，年収の差となって現れるというのである。この結果を踏まえると，保育者の経験年数に裏打ちされた専門性豊かな保育の方法は，協調性，意欲，自信，忍耐力，注意深さなどの面において，長期にわたって子どもの発達に影響を与え，その後の人生に好循環を生み出すようである。

　このテキストで扱う「保育の方法」とは，子どもとのかかわりや，子どもの育ちを援助する方法など，子どもの健やかな育ちを保障するための保育のあり方について様々な角度から学ぶものである。ところで，読者の方は，「保育の方法」という言葉から，どのようなイメージを想像するだろうか。例えば，「ピアノを弾く」「手遊びをする」「絵本や紙芝居を読み聞かせる」などの"スキル"のようなものだろうか。それとも「指導案の書き方」「保育計画の立て方」「クラス便りの書き方」などの"ノウハウ"のようなものだろうか。それとも子どもの発達を

見通した上で,「この時期になったらこれを指導する」「こういうときは,このように対処する」など,保育者の"ワザ"のようなものだろうか。

残念ながら,このテキストで扱う「保育の方法」とは,こうした"スキル"でも"ノウハウ"でもなければ,固定的保育観に基づいて対処する"ワザ"でもない。ここで言う「保育の方法」とは,保育者に求められる＜4つの専門性＞に基づいて,幼児を保育するための援助と方法のことである。もっと広い意味で言えば,保育者の力量として捉えることもできるだろう。

(2) 保育の方法を支える「4つの専門性」って何だろう？

第一に,「幼児を理解する力」である。そもそも幼児を保育する営みは,保育者の幼児理解に基づく行為の結果であり,保育者がその子をどのように理解するのかによって,保育のありようは大きく異なる[2]。たとえば,泥団子を作って遊んでいる幼児の傍らに寄り添うときに保育者は,幼児の姿を注意深く観察し,その子は今,泥団子の何に興味を持っているのか,なぜそれに興味を抱くのかなど,その子の内面を理解しようとしなければならない。ただ幼児と一緒に泥団子を作って遊ぶ保育者と,泥団子を作る幼児を傍らから理解しようと努める保育者とでは,その幼児へのかかわりは大きく異なる。つまり保育の営みは,保育者の幼児理解を土台に展開されるのであり,したがって保育者の「幼児を理解する力」は,保育の方法の出発点として位置付けることができる。

第二に,「保育を計画（デザイン）する力」である。保育所・幼稚園・認定こども園などで子どもが無邪気に遊んでいる姿を見ると,ともするとそこには,保育の計画など存在しないように思われるかもしれない。しかし,決して保育所・幼稚園・認定こども園は自由気ままな保育を展開しているのではなく,幼児の生活や発達に応じた保育が計画されている。たとえば,友達とのかかわりが芽生えると,仲間と適切なかかわりがもてるような保育を計画する,幼児の就園時間が長くなると,静と動,室内と戸外,集団と個,緊張と発散など,同じ環境の中でもマンネリ化することなく幼児が生活できるような保育を計画する[3]など,保育の計画には重要な意味が含まれる。ただし,"計画"というと「毎日の幼児の遊びや生活を計画的にやらせるの？」と感じる人もいるので,"デザイン"と表現する方が柔らかな印象を与えるだろう[4]。いずれにしても,こうした保育の計画は,保育者の幼児理解に基づいて構成されるものであり,したがって「幼児を理解する力」と「保育を計画（デザイン）する力」は,相互に関連するのである。

第三に,「保育を実践する力」である。保育者が幼児を理解し,それに基づいて保育（活動内容など）を計画（デザイン）したら,次にそれを実践に移すこととなる。日々の生活の中で様々な事象に興味を抱く幼児に対して保育者は,彼

（女）らの思いを実現できるような保育を展開するのである。ただし，ここでいう「保育を実践する力」とは，必ずしも（事前の）計画通りに保育を行うことを意味しない。小学校以降の授業のように「導入」「展開」「まとめ」の流れで，教師のねらいに即して活動することが重要ではなく，保育を計画しながらも，個々の幼児の状況に即して，臨機応変な対応が求められる（まさに保育を"デザイン"するという表現があてはまるといえよう）。保育の醍醐味とは，幼児の自発的活動を重視することにあり，環境を通してそれらを支えるために保育者は，その場の課題や状況を読み取りながら，適切な対応を瞬時に判断し，言葉をかけたり，モデルを示したり，見守ったりするなど，様々な援助を行う。こうした保育者の行為こそ，「保育を実践する力」である。

　第四に，「保育を省察する力」である。広辞苑（第六版）によれば，省察とは「自分自身を省みて考えをめぐらすこと」と記される。つまり「保育を省察する力」とは，保育者が自分の実践を振り返り，その妥当性や是非を考える力としてとらえることができるだろう。既述した通り，幼児を保育する方法は，保育者の幼児理解に基づく計画（デザイン）と実践から見出されるものである。とはいえ，日々の生活の中で常に瞬時の判断を迫られる保育者の行為は，たとえ日頃から幼児理解に努めていたとしても，必ずしも万全というものではない。そもそも保育の営みとは，保育者にとって正しい方法や正解があるわけでもない。A君に対する適切な援助や方法が，BさんやC君にも当てはまる保証はないのである。したがって保育者は，幼児理解に基づく保育の計画（デザイン）と実践を行う一方で，一日の終了とともに自らの実践を振り返り，その妥当性や是非（自分の援助は本当にあれで良かったのか，他にもっと適切な方法はなかったかなど）を問い直すことが大切である。保育者が自分の「保育を省察する力」を携えることで，保育の最中には気付かなかったことに後から気付いたり，ああそうだったのかと分かったりすることが生まれるのである。

(3) 「4つの専門性（ちから）」の循環モデル

　ところで，製造業や建設業の世界では，生産管理や品質管理の業務を進めるために，「PDCAサイクル」と呼ばれる循環モデルに基づいていることをご存じだろうか。「PDCAサイクル」とは，Plan（計画）→ Do（実行）→ Check（確認）→ Action（改善）の4段階の頭文字をつなげたものであり，① 業務を「計画」する，② 計画に沿って業務を「実行」する，③ 業務が計画通りに実行されているか「確認」する，④ 業務が計画通りに実行されていない部分を調べて「改善」するという，継続的マネジメントサイクルの一つである。この4段階は順を追って遂行され，一周したら最後の「改善」が次の「計画」に活かされることが大切

であり，螺旋を描くように一周ごとにサイクルを向上させ，継続的に業務の改善を行うものである。

今日，「PDCAサイクル」は，製造業や建設業だけでなく，小・中・高等学校の世界にも広く浸透しつつある。前記の流れを学校教育分野に即して捉えると，① 授業を計画する，② 計画に沿って授業を実践する，③ 授業が計画通りに実践されているかを評価する，④ 授業が計画通りに実践されていない部分を調べて改善する，となるだろう。もちろん，この4段階は順を追って遂行され，一周したら最後の「改善」が次の「授業計画」に活かされること，こうして継続的に授業の改善を行うことが大切である。

図序-1　PDCAのイメージ図

さて，本テキストの特徴は，保育の営みにおいても，こうした循環モデルに基づいて，保育方法のBrush Upを目指すことにある。ただし，本テキストが強調するのは，企業や学校教育における「PDCAサイクル」が，「授業（業務）計画」を起点に，一周することで新たな「授業（業務）計画」の向上に活かされるサイクルであるのに対して，保育の営みにおいては，「幼児理解」を起点に，一周することで新たな「幼児理解」の向上に活かされるサイクルであるということである。この点は，「PDCAサイクル」とは異なる本テキストの独自性であり，既述した「4つの専門性」に基づくことで，いわば「保育実践サイクル」としての循環モデルを提示する。具体的には，① 幼児を理解する，② 幼児理解に沿って保育を計画（デザイン）する，③ 計画（デザイン）に沿って保育を実践する，④ 実践された保育を省察する，という4つの段階が，螺旋を描くように一周ごとにサイクルを向上させることで，継続的に保育の方法をBrush Upし，ひいてはそのことが保育者の力量を高め，幼児の活動を豊かにし，保育の質を高めることにつなげようとするものである。そしていうまでもなく，最後の④の「省察する」という行為が，次の①の（改めて）「幼児を理解する」という行為に活かされることが大切なのであり，この意味において，保育の方法の出発点としての保育者の幼児理解とは，常に暫定的であり，再構成し続けるものである[5]。

2. 各章のダイジェスト

(1) 幼児を理解し，保育を計画（デザイン）するとは？：＜理論編＞

本テキストは，以下の3部構成で展開されている。第1部は，理論編であり，

幼児を理解する力，保育を計画（デザイン）する力について説明する（1章〜3章）。

1章では，保育者が幼児を理解することの意味，保育者が幼児を理解するときの手立て，保育者の中の幼児理解のプロセス，保育実践が幼児理解から始まり，幼児理解に戻ることの重要性について理論的に解説する。

2章では，保育を計画（デザイン）することの意味，幼児理解に基づいて保育を計画（デザイン）する方法，保育の計画（デザイン）に即した環境構成について理論的に解説する。

3章では，幼児の遊びと発達について理論的に解説する。保育者が幼児を理解し，保育を計画（デザイン）するためには，日々の保育を通して，保育者が個々の幼児を理解することが前提となる。とはいえ，保育者は，幼児期の特徴や発達に関する基礎知識を身に付けておくことも大切であり，そうした知識が保育者の幼児理解を促すことも考えられる。このような観点から，本章では，幼児の遊びと発達に関する基礎知識を提示する。

(2) 保育を実践するとは？：＜実践編＞

第2部は，実践編であり，具体的な保育場面における保育者の援助と方法について，既述した＜4つの専門性（ちから）＞の循環モデルに即して説明する（4章〜11章）。

4章では，登降園場面における保育者の援助と保護者対応について，「幼児理解→保育計画（デザイン）→保育実践→省察」の保育実践サイクルに基づいて検討する。幼稚園や保育所における登降園場面は，家庭と園が接続する場面でもあり，したがって保育者は，幼児だけでなく，保護者とのかかわりも求められる。

5章では，幼児の遊びの発展と保育者の援助について，上記の保育実践サイクルに基づいて検討する。幼児の主体的活動としての遊びを促す保育者の役割について，「思考力の芽生え」「知的好奇心」という2つの鍵概念を中心に考える。

6章では，協同する経験と保育者の援助について，上記の保育実践サイクルに基づいて検討する。年長児の事例を基に，幼児同士が互いに遊んだり，他の幼児と試行錯誤したり，共通の目的に向かって力を合わせたりするときの保育者の役割について考える。

7章では，幼児同士のトラブルと保育者の援助について，上記の保育実践サイクルに基づいて検討する。特に本章では，オーストラリアの事例を基に比較考察することで，日本の保育の特徴や，海外から学べる視座について考える。

8章では，食育場面での保育者の援助について，前記の保育実践サイクルに基づいて検討する。「お月見だんごづくり」（5歳児），「レストランごっこ」（3〜5歳児の混合）の事例から，幼児理解に基づく保育の可能性と課題について考える。

9章では，障害児への理解と保育者の援助について，前記の保育実践サイクル

に基づいて検討する。タケルくん（3歳児）の幼稚園入園から一年間の軌跡を通して，保育者のタケルくん理解と，それに基づく援助のあり方について考える。

10章では，学びと生活の連続性と保育者の援助について，前記の保育実践サイクルに基づいて検討する。「保育における地域資源の活用」（4～5歳児の混合），「幼児と高校生の協働制作」（4～5歳児の混合）の事例から，幼児理解に基づく保育の可能性と課題について考える。

11章では，家庭との連携と保育者の援助について，前記の保育実践サイクルに基づいて検討する。幼児理解からはじまる家庭との連携や，保育者が家庭と連携するときの幼児理解の重要性について考える。

(3) 保育を省察するとは？：＜理論編＞

第3部は，再び理論編であり，保育を省察する方法としての記録やカンファレンスについて説明する（12章～13章）。

12章では，保育における記録の意義や，様々な保育記録の方法について検討し，保育記録の目的や保育を省察するための記録のあり方について考える。

13章では，保育を省察する方法としてのカンファレンスについて検討する。個人での省察，メンタリングを通しての省察，共同での省察について考える。

では本題に入ろう。本テキストの目的は，幼児理解を起点とし，新たな幼児理解を再構成する保育実践の循環モデルの意味を読み解くとともに，幼児理解に基づく保育者の援助と方法について，個別具体的な場面に即して考えることである。

引用文献

1) Cherry, R., Friedman, J., Hilger, N., Saez, E., Schanzenbach, D., & Yagan, D. "How does your kindergarten classroom affect your earnings?: Evidence from PROJECT STAR", *The Quarterly Journal of Economics*, 126, 2011, pp. 1593～1660.
2) 河邊貴子「子どもを知る」青木久子・間藤侑・河邊貴子『子ども理解とカウンセリングマインド』萌文書林，2001年，111～126頁
3) 森上史朗「保育の基本と計画」柴崎正行・戸田雅美編『新・保育講座 教育課程・保育計画総論』ミネルヴァ書房，2001年，3～17頁
4) 戸田雅美『保育をデザインする：保育における「計画」を考える』フレーベル館，2004年
5) 岡田たつみ「『私の中のその子』とのかかわり方」保育学研究，第**43**巻 第2号，2005年，73～79頁

1章 幼児理解と保育者の援助

- ・幼児を理解するとは？
- ・幼児理解はどのように行われるのだろうか？
- ・幼児理解と保育行為の関係を学ぶ

　序章において，「幼児理解」とは保育方法の出発点であるとされている。それでは，「幼児理解」とはどのようなことなのであろうか。「理解」というからには，幼児を「わかる」ということなのであろうか。他者（自分以外の人）のことがわからなければ，保育者にはなれないということであろうか。自分自身のことさえわからなくなることがあるにもかかわらず，他者である幼児を「わかる」ことなど可能なのであろうか。1章では，まず「幼児理解」について検討し，何を手立てに幼児を理解していこうとするのか，どのようなプロセスで理解をしようとするのか，幼児理解からはじまり幼児理解に戻るということは，どのようなことであるのかについて考えていくことにする。

1．幼児理解とは

(1) 幼児理解と援助

> 事例1：3年保育幼稚園　3歳児　5月
> 　3歳児のA男は，お弁当の時間になると保育室の隅に移動し，そこから頑として動かなくなる。担任保育者が声をかけても，机にA男のお弁当を出してみても，一口も食べずにカバンの中にしまってしまう。この状態が1カ月程続いた。担任保育者と保育主任*は，連日A男の様子について話し合った。そして二人は，A男は緊張度が非常に高い幼児であり，特に食事の場面は彼にとって厳しいものであるようだという共通理解をした。そして，園生活に馴染むまである程度の時間を必要とするのではないかという見通しを持ち，A男が安心して園生活をおくることができるようになるまでは，保育者は何をすればよいかを考えた。そして，A男が興味を示しはじめた砂場で，担任保育者がA男の視野に入るところで遊ぶことからはじめた。
> 　A男は，徐々に園生活に馴染んでいき，お茶だけは飲むようになり，次第に友達と一緒にテーブルを囲み，お弁当を食べられるようになっていった。

* 保育主任は，クラス担任を兼ねている場合と，フリーの立場の場合の2通りある。事例の幼稚園では，保育主任はフリーの立場で担任保育者をサポートする役目を担っている。

この事例から，保育者は無理にＡ男にお弁当を食べさせようとするのではなく，なぜＡ男はお弁当を食べようとしないのかを理解しようと努めていることが読み取れる。そして，Ａ男の様子から「緊張度が非常に高い」という＜Ａ男＞理解を行った。そして，無理に食べさせようとすることは逆効果であること，まずは幼稚園に馴染むことが先決であることという，＜Ａ男＞理解に基づく保育の方向性を明らかにした。その上で，幼稚園が安心できる場所になるためにはどのような援助ができるかを探り始めたのである。保育者は，無論お弁当の時間が楽しいものになるための工夫はしたが，それ以前に「Ａ男の近くにいる」ことから始めた。これは，緊張度が高く，心を開くにはある程度の時間を要するという＜Ａ男＞理解に基づいた援助の方法（保育方法）であると考えられる。＜Ａ男＞理解を基に保育の方向性を見出し，＜Ａ男＞に対する援助の仕方，保育行為を探りながら実践している保育者の姿がうかがえる。

幼児理解は，援助の在り方を決定する源であるといえるだろう。

（2）一人一人の＜その子＞理解へ[1]

事例2：3年保育幼稚園　3歳児　6月
　Ｂ子は食べることが遅いため，園における食事自体に苦手意識を持ったことから，お弁当や給食に手をつけなくなった。冷めた食事を食べた経験がないＣ男は，お弁当に手を付けられなかった。Ｂ子の場合は，食べやすい一口サイズのお握りを少量持ってくることにした。周りの幼児達とほぼ同じ時間で食べ終わることができ，苦手意識を克服した。また，Ｃ男の場合は「冷めたメニューへの苦手意識」を感じにくいサンドイッチを持ってくることから始め，徐々に出来立ての温かさが無くても食べられるようになっていった。いずれも，保育者が保護者と話し合いを持ち，協力し合うことで乗り越えた事例である。

このように，「お弁当を食べない」という，表面的には同じ行為でも，幼児によって内面はそれぞれ異なる。発達も性格も生育歴も経験も生活も，そして感じ方も個々により違うのである。保育者は，一人一人の育ちや内面を理解しようと努力し，その理解の基に，それぞれへの保育行為，援助の仕方を決定していく。

つまり幼児理解とは，一般的なイメージや発達論に基づいて＜その子＞を語るのではなく，一人一人の＜その子＞の内面に少しでも近づきたいと探り続けることなのである。

（3）自分が思い描く＜その子＞像

事例3[2]：3年保育幼稚園　3歳児　6月
　3歳児のＥ子は，朝の身支度が終わると，保育主任と連日虫探しをしながらぐるりと園庭を一周する。入園当初，母親と離れがたかったＥ子を虫探しに誘ったのが保育主任であった。Ｅ子は，保育主任がプランターや石をどけると，その下から団子虫を捕って自分のカップに入れる。園庭を一周し終わると，Ｅ子は友

達と遊び始めることが日課となっていた。
　ある日，事務仕事が忙しく保育に出られなかった保育主任は，職員室の窓から，Y保育者のそばで遊んでいるE子の姿を見ていた。E子は自分から進んでプランターや木の枝，枯れ葉や石を移動させ，その下に潜んでいる団子虫を捕まえては，Y保育者に見せていた。保育主任は，自分と一緒の時とまるで違う，積極的に動き回るE子の姿に驚きを覚えた。

　保育主任は，E子にとって入園当初の不安な気持ちを満たしてくれる，甘えられる存在であった。Y保育者は，虫を捕ってくると，虫について色々と話をしてくれる楽しい先生であった。保育者と自分の関係や，保育者の役割，保育者自身の性格や醸し出す雰囲気などにより，同じ幼児であっても，引き出される面に違いがあることが読み取れる。また，幼児同士の間でのE子は，ケンカの仲裁をする等と，しっかりした一面を見せている。

　この事例は，相手により引き出される面が異なること，一側面から捉えた＜その子＞理解は，あくまでも＜その子＞の全てではないことを示している。

　また，保育者は今までの保育経験や幼児観などを参考にしながら，＜その子＞を理解しようとしている。さらに，人間としての自分と，保育者としての自分は切り離せるものではなく，保育者自身の生育歴や経験などから培われた価値観，人生観が＜その子＞を感じるときにも大きく影響するといえるだろう。

　つまり＜その子＞理解とは，あくまでも保育者自身の価値観というフィルターを通して作られた保育者が思い描く＜その子＞像であるが故に，保育者には，その理解と理解に基づく保育行為が適切であるか，ズレてはいないかを常に問い続ける姿勢が求められるのである。

2. ＜その子＞理解のプロセス

(1) ＜その子＞を理解する手立て

　「内面を知る」ということは，言葉でいえば簡単であるが，実際には大変難しいことである。ここでは，何を手がかりに目に見えない＜その子＞の内面を知ろうとするのかということについて検討する。

1 視覚から得られる情報から

　園生活のなかで，保育者は幼児達の様々な表情と出合う。保育者自身に向けられた笑顔からは，＜その子＞が自分に対しての親しみや安心感を抱いていることを読み取ることができる。幼児同士のやり取りの中の険しい表情からは，心中穏やかでない状態にある＜その子＞の気持ちを感じとることができる。

　表情だけではなく，首の傾け方や肩の落とし方，歩き方，立ち姿などの動きや

様子からも，＜その子＞の気持ちや心の動き，体調や状態を感じ取ることができる。

視覚から得られた情報は，＜その子＞理解の大きな手がかりになるのである。

② 聴覚から得られた情報から

会話を手がかりに相手について知ろうとすることがある。その場合，手がかりになるのは果たして話の内容だけなのだろうか。特に，幼児を理解しようとする場合，語彙の少なさや表現の未熟さから，話の内容以外からも＜その子＞を理解するための情報を得ることが必要となる。たとえば，声のトーンや大きさ，響き，話し方や息遣いまでもが理解につながる重要な手がかりなのである。

また，耳から捉えられるのは，話声だけではなく，思わず口ずさむ鼻歌や，ため息，足音までもが，＜その子＞を理解するための情報となるのである。

図1-1 何が見えるかな

③ 触覚から得られた情報から

保育者が幼児を理解しようとする際，触覚から得られた情報を手がかりにすることも多い。幼児の教育は養護と一体であることからも，保育の場で「触れ合う」ことの頻度の高さや重要性をうかがうことができる。抱き上げようとしたときの体の柔軟さから，保育者への心の開き具合や距離感を感じることができる。家で家族に抱かれる機会が多いか少ないかなど，生育歴や＜その子＞の背景などを感じ取ることも可能である。また，つないだ手の握り具合や温かさからも，＜その子＞の今の心情や状態を感じ取ることができるのである。

④ 嗅覚から得られた情報から

嗅覚から得られた情報もまた，幼児理解の手がかりとなる。幼児が近づいてきた時の汗臭さから，活発に体を動かして遊んできたことを感じることができる。そして，幼児の排泄の有無について知る手立てにもなる。また，＜その子＞と保

育者が花の香りを「良い匂い」と感じたり，調理室からの香りを「美味しそう」と感じる，香りの共感もまた＜その子＞を知る手がかりとなり得るのである。

5　味覚から得られた情報から

　同じものを食し，「美味しい」「まずい」「辛い」などと感じる味の共感も，間接的ではあるが，その子の食生活や味覚を知る手がかりになることが考えられる。

　8章（69頁～）において食育が取り上げられていることからもわかるように，今まさに食生活の重要性が注目されている。＜その子＞と保育者の味の共有と，気持ちのやり取りは，＜その子＞理解の大切な手がかりとなるだろう。

　以上，1～5に分けて記したが，保育者は五感のいずれかを使って幼児を感じるわけではなく，表情や動作，話の内容，声の調子や感触，香りの共感など，複数の情報を組み合わせ，総合的に＜その子＞をとらえようとしている。つまり，保育者は身体全体で＜その子＞の「今ここ」を知ろうとしているのである。

（2）新しくなり続ける＜その子＞理解

　幼児理解の「理解」とは，「数式を理解する」「物の構造について理解する」といった場合の「理解」とは異なる。一度わかってしまえば，それで全てを解釈できるような「理解」とは違い，常に動き続けているものなのである。

> **事例4[3]：3年保育幼稚園　3歳児　1月**
> 　3歳児のD子は，遊びに夢中になるとトイレに行くことを忘れてしまうのか，お漏らしをしてしまうことが多い。この日もD子は，お漏らしをした。トイレで汚れたパンツを脱がせた保育者は，D子に「先生はパンツを洗うから，着替えてきてごらん」といった。D子は「ハーイ」と返事をして，保育室へ戻る。「D子は一人で着替えができないのだった。裸のまま遊び続けているかもしれない」と思った保育者は，「早く戻らなくては」と急いでバケツにパンツを入れた。すると，保育室から「またあった！」というD子の声が聞こえてきた。保育者は，「しまった！またお漏らしをしてしまったのかもしれない」と思い，振り返ると，自分の着替え袋から出した新しいパンツとズボンを両手に持ち，高々と掲げているD子の姿があった。D子は自分で着替えを取り出せたことに喜びを感じていることが保育者にも伝わってきた。

　この短い事例の中でも，保育者は「D子は一人で着替えができない」「裸で遊びだしてしまうことがある」「また，お漏らしをしてしまったのかもしれない」「自分の着替え袋から，新しいパンツとズボンを取り出せた」「新しい衣類を用意できたのだ」「自分で準備できたことに喜びを感じているようだ」と，わずかな間に＜D子＞理解を何度も修正している。そもそも，人が他者を完全に理解するということ自体が不可能なのである。＜その子＞理解の実態は「もしかする

と，こうかもしれない」といういくつもの思いで構成されている。保育者は，幼児とのかかわりの中から感じ取った情報を手がかりに，＜その子＞理解の中の一つ，またはいくつかを修正し，新しい＜その子＞理解を生み出している[4]。ここで，事例から読み取れる修正の仕方を具体的にあげてみよう。

1 ＜その子＞理解の一部の書き換え

保育者は，「またあった」というD子の言葉に「お漏らしをした」と思っていたが，両手にパンツを持っているD子の姿を見て，「お漏らしをしたのではなく，自分で着替えを準備できたのだ」と，＜D子＞理解の一部を書き換えている。

2 ＜その子＞理解の一部の確認

D子は，数週間前の身体測定の際，保育者が「Dちゃん，背が伸びたね」と伝えた際，とても喜んでいた。その時，保育者は「自分の成長に嬉しさを感じているようだ」という新しい＜D子＞理解を生み出した。今回の「パンツとズボンを高々と掲げている」D子の姿を見て，「やはり，自分で出来ることが増え，成長していくことに喜びを感じているのだ」と確信した。＜D子＞理解の一部を確認したといえるだろう。

3 ＜その子＞理解の一部への疑問の投げかけ

この事例には記されていないが，この時点で保育者は，自分で着替えを準備したことや，準備できたことに喜びを感じているような様子，2の「自分の成長に喜びを感じている」ことから，「手を貸さなくても，一人で着替えることができるのではないか？」という思いが頭をよぎったという。＜D子＞理解の一部である「一人で着替えられない」ということに，疑問符が投げかけられたのである。

4 ＜その子＞理解の一部の書き加え

この場面のすぐ後，着替え終わったD子は，G子に走りより「着替えた！」といった。その様子を見た保育者は，H子（今までの仲良し）だけでなく，G子もまたD子にとって自分の気持ちを分かち合いたい存在になったのだということを知った。G子が特別な存在になりつつあることを＜D子＞理解に書き加えることにより，新しい＜D子＞理解が誕生したといえるだろう。

このように保育者は，1「××と思っていたが，今は○○なようだ」（書き換え），2「やっぱり××だ」（確認），3「△△と思っていたが，はたしてそうなのだろうか？」（疑問），4「今まで気付かなかったが，□□らしい」（書き加え）という4通りの修正の仕方を取りながら，その時点での＜その子＞理解を修

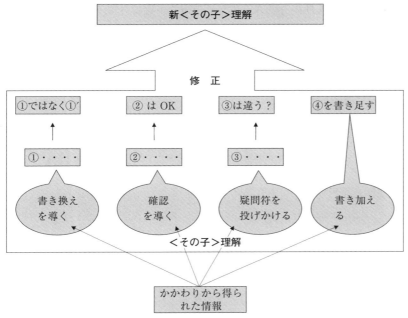

図1-2 ＜その子＞理解の再構成

資料：岡田たつみ・中坪史典「幼児理解のプロセス－同僚保育者がもたらす情報に注目して」保育学研究，第46巻 第2号，2008年，39頁記載の図を一部加筆修正

正し，新しい＜その子＞理解を構成し続けている（図1-2）。

　つまり，幼児理解とは普遍的に変わらない固定した理解なのではなく，暫定的であり，再構成し続けるという性格を持つ。また，2の，数週間前の身体測定のできごとからもわかるように，保育者の＜その子＞理解は，その場で感じ取った情報からのみ理解を進めるのではなく，＜その子＞と保育者のストーリー（今までのかかわりとこれからのかかわり）の中で，常に新しくなり続けているものなのだと考えられる。

3. 振り返ることにより新しくなる＜その子＞理解

　保育者は，保育の最中に＜その子＞を感じ取り，かかわりを通して＜その子＞理解を新しくし続けていくものであるということは，2節-(2)に記した通りである。しかし，瞬時の理解だけでは不十分であり，保育終了後の振り返りにより理解を深めることが重要である。保育者は保育後に保育記録を記す。記録をつけることは，日々の保育の記録を残すことと同時に，保育を反省し，翌日からの保育を考えることにつながる。保育中の幼児の行動や心の動きに立ち戻り，自分自

身のかかわり方，援助の方法，遊びや＜その子＞達に対する理解を再度検討すること（省察）になるのである。保育中の自分と記録を書く時の自分とが対話することにより，保育中には気付かなかった＜その子＞の心情，幼児同士の関係，自分自身の保育行為の妥当性について問い直し，その上ではじめて明日の保育をデザインすることが可能になる。

また，ある程度の時間をおいて保育記録を振り返ることは，短期での振り返りに比べると＜その子＞の育ち（違い）が明確になることも考えられる。長いスパンでの援助の仕方，保育方法，子どもの育ちについて検討することで，今後の保育の方向性を見出すことにもなるのである。

さらに，同僚との語りや保育カンファレンスに保育記録を用いることで，自分の＜その子＞に対する理解や援助方法，保育方法について，仲間と共有し，話し合うことが可能になる。1節-(3)に記した通り，＜その子＞理解とは，あくまでも理解しようとする人が描く＜その子＞像である。自分の＜その子＞理解や，理解に基づく保育行為を問い直すためには，違う価値観を持つ先輩保育者や同僚からの意見を聞くこと，保育カンファレンスの場で話し合うことなどが有効である。自分では気付かなかった＜その子＞の一面を知ることや，自分とは異なる解釈の仕方，援助方法と出会うことが可能になり，幼児理解や保育そのものを深めていくことになる。

また，カンファレンスや研修会などのフォーマルな形だけではなく，仲間との日常的な＜その子＞達や保育についての語りもまた大切にしたいものである。

幼児理解とは，決して幼児の全てを「わかる」ということではない。未来へ向かう一人一人の＜その子＞の育ちを支えるために，＜その子＞の「今ここ」を感じ取ろうとする営みであり，常にその歩を止めずに進み続けていくものなのである。

引用文献

1) 金 瑛珠「『子ども理解』から『その子理解』へ」保育の実践と研究，第6巻 第2号，2001年，2～13頁
2) 岡田たつみ・中坪史典「幼児理解のプロセス―同僚保育者がもたらす情報に注目して」保育学研究，第46巻 第2号，2008年，38頁記載の事例について一部加筆修正を加えたものである。
3) 岡田たつみ「『私の中のその子』とのかかわり方」保育学研究，第43巻 第2号，2005年，76～77頁記載の事例について一部加筆修正を加えたものである。
4) 2)と同じ文献，73～79頁

2章 保育の計画（カリキュラム・デザイン）と環境構成

▶ ・保育の計画の特徴について学ぶ
・幼児の主体性の保障と保育の計画の関係について学ぶ
・環境構成と保育の計画の関係について学ぶ

1. 保育の計画を立てることの意味

(1) はじめに

　朝，登園してきた幼児が，担任の保育者と挨拶を交わした後，荷物を自分のロッカーに入れ，自宅を出るときからやりたいと思っていた遊びを始める。保育現場ではごく普通に見られる光景である。また，保育室や園庭で幼児が自由に好きな遊びをしていて，保育者も幼児にまぎれて，楽しそうに遊んでいる。これもまた，保育現場のごく普通の光景と思われる。そして，これらの光景が眼に入った通りすがりの人の多くは，「幼児（と保育者）が楽しそうに遊んでいるな」と感じることだろう。現代の保育の基本が，遊びを中心とした保育であることを考えれば，第三者がこのように感じる保育を行うことは望ましいともいえるし，幼児が豊かな遊びを経験できる保育を展開することは，とても重要なことである。
　ところで，この保育を眺めていた人は，「楽しそうに遊んでいるな」と思ったときに，そこに保育者の何らかの"意図"や"計画性"を感じただろうか。もしこれが，小学校の授業の様子を眺めていたのであれば，そこに教師の"意図"（たとえば，「小学生」に九九を習得させるために算数の授業をしている）や"計画性"（たとえば，九九の学習の導入部分として足し算や引き算の復習をしている）を感じることだろう。ところが，保育の場合（特に幼児が自由に遊びを展開しているとき）は，「幼児達がただ遊んでいるだけ」と受け止められ，保育者の"意図"や"計画性"が感じられないことが珍しくない。では，幼児が自由に遊んでいるときに，そこには保育の計画は何も存在しないのだろうか。また，もし保育の計画があるとすれば，なぜ第三者にその存在が伝わりにくいのだろうか。

(2) 計画的に保育を行う幼稚園・保育所・認定こども園

　幼稚園，保育所，幼保連携型認定こども園はそれぞれ学校教育法，児童福祉法，就学前の子どもに関する教育，保育等の総合的な提供の推進に関する法律において，一定の目的をもって保育を行う機関であることが示されている。

> **幼稚園**：幼稚園は，義務教育及びその後の教育の基礎を培うものとして，幼児を保育し，幼児の健やかな成長のために適当な環境を与えて，その心身の発達を助長することを目的とする（学校教育法第22条）。
>
> **保育所**：保育所は，保育を必要とする乳児・幼児を日々保護者の下から通わせて保育を行うことを目的とする施設とする（児童福祉法第39条）。
>
> **幼保連携型認定こども園**：「幼保連携型認定こども園」とは，義務教育及びその後の教育の基礎を培うものとしての満三歳以上の子どもに対する教育並びに保育を必要とする子どもに対する保育を一体的に行い，これらの子どもの健やかな成長が図られるよう適当な環境を与えて，その心身の発達を助長するとともに，保護者に対する子育ての支援を行うことを目的として，この法律の定めるところにより設置される施設をいう（就学前の子どもに関する教育，保育等の総合的な提供の推進に関する法律第2条）。
>
> 　＊ここでは幼保連携型認定こども園の目的を記載したが，認定こども園には4つの類型がある（幼保連携型，幼稚園型，保育所型，地方裁量型）。

　人が一定の目的をもって何らかの実践を行う場合，必然的にそこには，目的達成のための手立てを考える作業が存在する。この作業が具体的には，計画をたてる，という行為になる。もちろんこれは，保育実践に限ったことではない。旅行のスケジュールを考えるとき，定期試験のための勉強スケジュールを考える時などを考えてみてほしい。いずれも目的を達成するための手立てを頭の中で考えている（計画を立てている）はずである。計画の精密さ，という点での違いはあるが，園も同様のこと，つまり，機関として有している目的を達成するための手立て（計画）を考えて保育を行っているのである。もし仮に，無計画に保育が行われるとすれば，それは保育施設としての役割を放棄することになってしまう。

(3) 遊びの指導を計画的に行うこと

　幼稚園教育要領，保育所保育指針，幼保連携型認定こども園教育・保育要領に次のような内容がある（傍点筆者）。

> ・幼児の自発的な活動としての遊びは，心身の調和のとれた発達の基礎を培う重要な学習であることを考慮して，遊びを通しての指導を中心として第2章に示すねらいが総合的に達成されるようにすること（幼稚園教育要領，第1章 総則 第1）。
> ・子どもが自発的・意欲的に関われるような環境を構成し，子どもの主体的な活動や子ども相互の関わりを大切にすること。特に，乳幼児期にふさわしい体験が得られ

> るように，生活や遊びを通して総合的に保育すること（保育所保育指針，第1章総則 1(3)）。
> ・乳幼児期における自発的な活動としての遊びは，心身の調和のとれた発達の基礎を培う重要な学習であることを考慮して，遊びを通しての指導を中心として第2章に示すねらいが総合的に達成されるようにすること（幼保連携型認定こども園教育・保育要領，第1章 総則 第1・1）。

　これらの内容は，園における指導が，幼児の遊びを通して行われるものであることを示している。ここで，遊びとは一般的にどのように捉えられているか調べてみよう。国語辞典（大辞林）によると，遊びには次のような説明がある。① 遊ぶこと，② 賭（か）け事や酒色にふけること，③ 仕事がないこと・暇なこと，④ 気持ちのゆとり。

　これらを見ると（特に①～③），何らかの指導を行うことや，何らかの学習を行うことと遊びは，一般的には容易に結びつきにくいと考えざるを得ない。それは小学校以上の学校教育を思い浮かべるとわかりやすい。そこでは遊びは，休み時間に行うものとされ，生活科などの一部を除けば，小学生が授業中に遊ぶことは原則として許されない。なぜなら，小学生にとって授業（意図的な教育・指導が行われる）中は，学習を行う時間で，遊ぶ時間ではないからである。教師の意図的な教育行為と遊びの接点は極めて少ないのである。

　また，遊びの定義をしたホイジンガは，著書「ホモ・ルーデンス」の中で「遊びとはあるはっきり定められた時間，空間の範囲内で行われる自発的な行為もしくは活動である[1]」（傍点筆者）と述べている。そして，幼稚園教育要領にも「幼児の自発的な活動としての遊び」（傍点筆者）という表現がみられる。これらのことは，遊びが遊び手自身の意思によって始まるものであることを示しており，同時に第三者が遊びを指導することの難しさも読み取ることができる。たとえば，大人が「～遊びをしなさい」と幼児に指示し，幼児が指示通り「～遊び」を始めた場合，それは遊びではなくなってしまう。そこに幼児の自発性を見つけることが難しいからである。遊びを指導する保育者は，幼児の自発性を保障した上で，幼児とかかわることを基本としなければならないのである。

　このように考えると，保育者が遊びを指導することが容易でないことは明らかである。一般的なイメージとして，遊びと教育・指導が結びつきにくいことは，「遊んでいるだけでは心配だから，知識や技術を教える内容も組み込むべき」という声を生み出す要因にもなる。保育者はこのような声に対して，自らの保育の教育的意図を説明できなければならない。つまり，幼児の自発的活動である遊びの中に教育的な意図が含まれていること，遊びと教育・指導は結びついていることを，具体的に示す必要がある。言い換えれば，保育者が「計画的」に遊びにか

かわっていることを示す，ということになる。

　一般に自由保育と呼ばれる保育形態をとっている園では，幼児は自分の好きなように遊んでいるように見える。けれども，そこにある自由は全く際限のないものではない。少し極端な話かもしれないが，保育者がどんなに幼児の自由を認めていても，幼児は自由に家に帰ることまでは許されていない。あくまでも園の敷地内でしか幼児は遊ぶことはできない。その理由は，そこに幼児の安全を守るという保育者の強い思いがあるからである。普段意識されることは少ないかもしれないが，ここに保育の計画性（幼児の安全を守るための意図的配慮）が潜んでいるのである。園舎のつくり，園庭の構造も同様である。幼児がじっくりと遊びに集中できるための階段の下の空きスペースや，幼児が身体を動かすことを十分に楽しむために，幼児の体格に合わせて作られた園庭の固定遊具などは，幼児が自発性を発揮し，自由に遊ぶことを保障しつつ，保育者の意図を環境に込めた，代表的なものと呼ぶことができる。

　幼児の自発性の保障や，自由な活動を認めることは，保育者が何も手を出さないこと（放任）を意味するわけではない。保育のねらいをもとに，保育者が計画的に構成した環境の中で，幼児が自発的に活動に取り組むことで，ホイジンガのいう，遊び本来の意味を壊すことなく，保育者が幼児の遊びにかかわることが可能になると考えられる。

2. 保育の計画の特徴
－幼児理解に基づく保育計画－

(1)「計画を立てる」ということ

　我々は日々の生活の中で，様々な計画を立てている。たとえば，旅行に行く時には，自宅を何時に出発し，目的地に何時に到着し，何時に帰宅するかを考える。また，試験勉強をする時に，どの教科をどの順番で勉強するかを考える。これら，我々が普段何気なく立てている計画に共通するものがある。それは，一般的な計画は，未来の出来事を中心に組み立てられるタイムスケジュールである，ということである。だから，「計画を立てる」という時，我々の頭の中の大半は，未来に割かれる（「明日～しよう」「来年までに～しよう」など）。そして，様々な目的を達成するために，未来の出来事がトラブルなくスムーズに実行されること示した計画が，最良の計画とされる。

　保育における計画は，このような一般的な計画と若干異なる性格をもっている。結論を先取れば，保育の計画を立てるときは，より自覚的，意識的に過去の出来事を考えることが重要なのである。言い換えれば，保育者は日々の保育実践

に対して，常に「振り返り」の姿勢をもつことが求められる。その理由について，記録を書くという行為を通して考えてみよう。

(2) 保育記録を書くということ

河邊は保育記録について，「幼児の主体性が尊重され，しかも発達に必要な経験が積み重ねられるような保育を展開するためには，まず，幼児を理解することからはじめなければならない。保育を記録するという行為は，その理解を促し深める行為である[2]」と説明している。これは何を意味しているのだろうか。幼児の主体性を尊重するとは，具体的にいえば，幼児の主体性が最大限発揮できる「遊び」の中で，幼児が自ら選択し，決定し，行動する自由を保育者が保障する，ということになるだろう。そして，幼児の遊びに対して適切にかかわることが要求される保育者にとって，幼児がそれまでにどのような行動の軌跡を描いてきたか把握することは極めて重要なことと考えられる。なぜなら，過去の幼児の様子を無視して幼児主体の保育を展開することは期待できないからである。保育者には，目の前の幼児の姿（何をしたいのか，誰と遊びたいのか，どこで遊びたいのか，どの遊具を使いたいのかなど）を，それまでの幼児の姿から理解し，幼児の興味・関心の軸線に乗る形で指導の手立てを考えること求められる。それが，幼児主体の保育には不可欠なのである。そして，保育記録を書くという行為は，幼児理解や遊びの理解を促進させる行為と考えられるのである。

また，一見すると同じような経験の積み重ねや類似した発達特性の幼児とのかかわりは，保育行為を習慣化しやすい。保育行為が習慣化することは，意識しなくても一つ一つの保育場面で危なげない対応ができるようになる，という利点をもつ。しかし保育者が自らの保育行為を意識的に振り返ることを困難にすることも考えられる。保育者の専門性を考える上で，多くの示唆を与えたショーン＊も，「実践がより反復と決まり事になるにつれて，『実践の中の知』は暗黙で無意識的になり，実践家は，今していることについて考える重要な機会を逃しているかもしれない[3]」と述べている。とすれば，保育記録は，保育者が日々の保育に意味付けをし，自らの実践を振り返り，考えるきっかけを提供することに貢献する，とも考えることができる。

＊ 保育者の専門性を考える上で，ショーンの提唱した「反省的実践家」という見方は多くの示唆を与えている。

(3) 保育記録と保育の計画

保育記録と保育の計画について，戸田は次のように指摘している。

「保育の『デザイン』である『指導案』には，『記録』にあたることがたくさん書かれています。最初に保育の指導案を見た人は，これは『指導案ではなくて，記録ではないの？』という疑問をもつことが多いのですが，それは，保育者が，『記録』

にあたることをどのようにとらえているかが，実際には，保育の行為を創造していくからだということなのです[4]」

この指摘は，日常の保育の指導計画（指導案）が記録の役割を果たしている，と解釈できる。保育実践における計画が，これまでの幼児の姿（記録）に基づいて作成されることが原則であることはいうまでもないが，記録と計画を分離させず，計画自体に記録の側面があると捉えることは，すなわち，保育者にとって計画の作成という行為が，幼児の姿を捉え，遊びの実態を理解する行為にもなるということである。

小川は，保育における計画を，イメージトレーニングとしての計画と捉えたうえで，「そのイメージはただでっちあげたものではなく，今日，これから始まるであろう幼児の活動や保育者の援助に対する予想ということである[5]」と述べ，幼児の活動や保育者の援助の予想をする上で，記録を通して幼児の実態を把握することが重要であると説明している。あらかじめ決められた内容を，予定通りに遂行する類の計画である場合，予定が遂行されないこと（予定外のことが起きること）は一般的には失敗としてとらえられる。けれども，保育の計画の場合は，小川のいうように，幼児の実態を踏まえた上でなされる保育者の「予想」によって構成されるため，実際の出来事と予想がズレることは，当然想定される。しかし，このズレは失敗ととらえる種類のものではない。保育者は，計画にあげた予想と実際とのズレを柔軟に受け止め，ズレの原因を探り，目の前の幼児への最良の援助を考え，幼児の今日の実態を翌日の保育の計画に生かしていくのである。この両者の指摘を整理すると，保育の計画を立てる上でポイントとなる点がみえてくる。それは，記録を通して幼児の実態を捉えること（幼児理解をすること），予想と実際のズレに対して柔軟に対応すること，記録と計画は不可分な関係にあること，ということになるだろう。

さて，このように見てくると，保育の計画や記録は，保育者が自らの保育行為について意識的，自覚的になり，日々繰り返されるルーティン（日常的）な活動を省察の対象とすることに貢献する，と整理できる。しかし，この捉え方を実際の保育行為と照らし合わせたときに問題となることがある。それは，保育の当事者である保育者が，実践者でありながら記録者になることの難しさである。保育者は，教育実習や保育実習で観察記録をとる学生や，保育の研究のために幼児や保育者の記録をとる研究者のように，第三者の立場で保育実践を見ることに徹することはできない。保育記録や保育の計画の重要性を主張するときには，保育者が自らの保育を俯瞰しようとする姿勢と，保育の当事者としての行為の関係について問うことが不可欠といえるだろう。

3. 保育の計画と環境構成

(1) 自らの保育を「見る」機会の保障

　保育者が保育の記録(それがリアルタイムでとる記録であれ,思い出し記録であれ)を書くためには,保育中に幼児を「見る」ことが必要になるが,保育者が幼児を見る行為は,幼児との直接的なかかわりから一時的に離れることが要求されるケースも少なくない。もちろん,保育者が幼児とのかかわりから離れることが,保育行為を放棄することを意味してはならない。保育者は保育実践から離れずに(保育の当事者として)幼児を見ることが求められるのである。このことを実践する上で,クローズアップされてくるのが保育者の行う環境構成である。

　保育者がねらいをもとに構成した環境に幼児が主体的にかかわり,幼児の姿や内面を読みとった上で,適切な援助の手立てを考える,という流れは保育における遊び援助の一つのセオリーである。この流れの中で,保育者が幼児の姿や内面を読み取る行為は,自らの保育を,メタ認知＊の観点から客観的に見ていなければ難しい。そして,見るという行為が成立する前提に,計画的な環境構成があると思われる。計画的な環境構成の中,幼児が自ら周囲の環境とかかわっている状況は,保育者に,保育の当事者でありながら,俯瞰的な視点をもって自分の保育を見る余裕を与えてくれる。その結果,保育の実態を記録に残しやすくなり,幼児の主体性を保障しながら,保育の計画をデザインすることが可能になる。

＊「もう一人の自分」が,自分の行為について認知すること。自分の行為を対象化して客観的に把握すること。「自分が何がわからないかがわかっている」状態はメタ認知が成立している一例。

(2) 計画的な環境構成と保育の日常への意味付け

　保育者が計画的に行う環境構成は,記録や計画の作成と保育実践の両立に貢献するだけではない。日々行われる環境構成は,保育者が保育の計画を立てるとき,「ありふれた日常(毎日繰り返されることや,当たり前に存在する周囲の物・空間)」への意味付けに対しても大きな役割を果たす。保育の場における,物と空間の意味について,由田による以下のような説明があるので紹介しよう[6]。

　「保育者が物を用意するといっても,それは単に用意すればすむという問題ではない。一般に何を用意するということはよく考慮されるが,それをどこにどのように用意するのかということは意識されにくい(保育者に『この保育室にはなぜこの場所に机・ロッカーがあるのですか』と聞いたときに明確な答えが返ってこないことが多い)。なぜなら,物を用意する行為は日常的に半ば慣習的に行われている行為だからである」

　「物を置くということは,極めて日常的なことがらであるため,普段それがどういう意味をもちうるかということが意識されにくい。環境設定を戦略的に行うには,保育者は単に物を用意するということだけでなく,その物の置かれ方,置かれ方から生

み出される空間や場について自覚的にならなければならない」

　この指摘は，保育において保育者が見過ごしがちな，日常的に物を用意する，置くという行為や日常的な空間そのものに意味を持たせることの重要性を示している。保育の計画を考えるとき，保育者が環境（日常的に接する物や空間）のもつ意味について理解していることは，環境構成を具体的に構想することを容易にし，さらに，計画の意図を第三者に説得力をもって説明することを可能にするという効果をもたらすといえる。

(3) 計画的な環境構成と保育の計画性の明確化

　冒頭に述べたが，保育実践は，保育者の意図や計画性が表面化しにくい。しかし，保育者自身が日々の保育行為を計画的に行うことに対して，無自覚になってはならない。一斉活動や園行事のように（実習生の部分実習や責任実習も含まれるだろう），保育の目的や結果が比較的，確認しやすいものについては計画をたてることが当然のこととされやすい。ところが，幼児が自由に遊んでいる場面や，日々繰り返される園での生活において，保育者がただ漫然と幼児とかかわっているだけでは保育の意図や計画性が保育者自身に意識されにくい。日常的に接する周囲の環境に意味付けをし，計画的な環境構成を行うという行為は，「計画的な保育実践」という意識を保育者に訴えかける行為ととらえることができる。

　保育所保育指針に，保育所の社会的責任に関して「保育所は，地域社会との交流や連携を図り，保護者や地域社会に，当該保育所が行う保育の内容を適切に説明するよう努めなければならない〔第1章 総則 1（5）イ〕」（傍点筆者）とあるが，この記述は，保育者が自らの保育について，その計画性や方法，内容について把握していることが前提となっている。保育の記録をもとに幼児の実態について説明ができ，環境構成の意図をもとに保育の計画について説明ができることがこれからの保育者には求められているといえよう。

引用文献

1) ホイジンガ，J.，高橋英夫訳『ホモ・ルーデンス』中央公論社，1973年，58頁
2) 河邉貴子『遊びを中心とした保育』萌文書林，2005年，52頁
3) ショーン，D.，『専門家の知恵．反省的実践家は行為しながら考える』ゆみる出版，2001年，103頁
4) 戸田雅美『保育をデザインする　保育における「計画」を考える』フレーベル館，2004年，23～24頁
5) 小川博久『21世紀の保育原理』同文書院，2005年，160頁
6) 由田 新「環境設定とはどういう行為か－物を空間の中に位置づけるとはどういうことか－」日本保育学会第49回大会研究論文集，1996年，670～671頁

3章 幼児の遊びと発達

- ・遊びとは何か？ 「面白さ」を軸にその本質を学ぶ。
- ・遊びを通して何が発達するのか？ 遊びと発達との微妙な関係について学ぶ。
- ・いないいないばあから鬼ごっこまで，幼児の発達に伴う遊びの展開過程を学ぶ。

1. 遊びの定義と分類

(1) 人間はどうして遊ぶのか

　人間がこの世界で最初に体験する遊びとは，いったい何であろうか。いくつか存在するが，その中の一つに「いないいないばあ遊び」がある。一見何の変哲もない遊びであるが，その遊びの背後には，幼児発達にとって大切な意味が隠されているように思われる。

　乳児期に獲得されるべき重要な要素として，人間や世界に対する基本的信頼感があげられる[1]。生まれて間もない乳児は，「いないいないばあ」のような「緊張―弛緩」の繰り返しを伴う遊びを通して，「この世界は万事うまくいく」という感覚を獲得していくと考えられる[2]。はっと驚いた後にほっとする喜びが待ち受ける。これこそが遊びの原点なのである。

　遊びとはいったい何であろうか。19世紀後半から20世紀初頭にかけて，研究者達は様々なことを考えた[3]。たとえば，スペンサーは，「人間は有り余るエネルギーを消費するために遊ぶのだ」(剰余エネルギー説)と述べ，パトリックは，「人間は労働後の元気回復のために遊ぶのだ」(気晴らし説)と述べている。ジェームズは，「遊びは人間の遊ぼうとする本能的欲求から生じる」(本能説)と述べ，グロースは，「子どもは将来の成人生活の準備のために遊ぶ」(準備説)，フロイトは，「人間は過去に経験した嫌な出来事を何とか自分の内面で消化するために，それを遊びの中でくり返す。そうすることで心の平静を取り戻す」(精神分析説)と述べている*。しかし，彼らが考えたのは「遊びとは何か」ではなく，「人間はなぜ遊ぶのか」であった。遊びの本質論ではなく，動機論に終始していたのである。これでは結局のところ，「遊びとは何なのか」がいつまでたっ

＊ スペンサー，パトリック，ジェームズ，グロース，フロイトによる説は，エリス M.J.，森楙他訳『人間はなぜ遊ぶか-遊びの総合理論』(黎明書房，1977年)の中で，「遊びの古典理論」「遊びの近代理論」として詳しく紹介されている。

(2) 遊びとはいったい何か

そんな中，登場したのがホイジンガである[*1]。彼は著書のタイトルに「ホモ・ルーデンス」（＝遊ぶ人）という名前を付けている。つまり，「人間とはそもそも遊ぶ人であり，人間が遊ぶことで文化は発展してきた」という。彼いわく，すべての文化現象は遊びの中で発生し，遊びを通してかたちになったのである。では，その「遊び」とはいったい何なのであろうか。彼は次のように定義している。「遊びは自発的な行為もしくは業務であって，それはあるきちんと決まった時間と場所の限界の中で，自ら進んで受け入れ，かつ絶対的に義務付けられた規則に従って遂行され，そのこと自体に目的を持ち，緊張と歓喜の感情に満たされ，しかも『ありきたりの生活』とは『違うものである』という意識を伴っている[4]」。つまり，遊びとは，自由性，主体性，非拘束性，規則性，非生産性，情動性，非現実性などの点において特徴を持つと言える。ホイジンガが示したこうした遊びの基本的特徴は，現在でも生き続けている。

「人間が人間らしい生活を送る上で，遊びは重要である」という輝かしい主張をもたらしたのも，ホイジンガの功績といってよいであろう。ただ残念なことに，彼の主張にも足りない部分があった。すなわち，「なぜ人間はこんなにも遊びに夢中になるのか」という問いへの答えである。なぜ人間はこんなにも遊びに魅せられるのであろうか。

その問いに答えたのが，カイヨワである[*2]。彼は「今まさに遊んでいる人にとっての遊びの面白さとはいったい何か」について考え抜いた末，遊びの面白さは，① 競争（アゴーン），② 偶然（アレア），③ 模擬（ミミクリー），④ 眩暈（イリンクス）の４つに集約できると考えた[5]。たとえば，追いかけっこ。追いかける者と逃げる者との二手に分かれて，両者が互いに敵対し競い合う中で，スリルや達成感を味わう。追いつ追われつのシーソーゲーム。そこに「競争」の面白さを見出すことができる。また，ジャンケンやくじ引き，サイコロやカードなどに興じるとき，遊び手は時の運に身を任せて勝敗を決する。勝てば天国，負ければ地獄。このとき遊びを面白くする要素こそが「偶然」である。さらに，つもりや見立て，ごっこ遊びに興じるとき，私達は他人の仮面を一時的に借用して，虚構の世界で戯れる。これは「模擬」の面白さである。最後に，動物達の遊びを見ると，犬は自分の尻尾にかみつこうとして走り回る。猫は落ちていた紙袋に潜り込む。人間の幼児も似たようなことをする。大笑いしながらひたすら回り続ける幼児の姿や，隙間に頭を突っ込んでいる幼児の姿を見かけたことがあるだろう。このとき感じる心地よいパニック，これこそが「眩暈」の面白さである。遊

＊1 ホイジンガ（Huizinga, J., 1872～1945），オランダの文化史家。『ホモ・ルーデンス』において，人間の様々な文化的活動に根付く「遊び」の精神を解明した。その他に『中世の秋』が有名。

＊2 カイヨワ（Caillois, R., 1913～1978），フランスの社会学者，哲学者，批評家。ホイジンガの『ホモ・ルーデンス』に刺激を受けて『遊びと人間』を執筆。『神話と人間』『人間と聖なるもの』『夢の現象学』『メデューサと仲間たち』など，その他にも著書多数。

ぶ主体の側から見た遊びの面白さを見事に捉えた点に，カイヨワの功績を見ることができよう。

2. 遊びと発達

(1) 遊びを通して何が発達するのか

遊びは，幼児の発達や教育においても重要な意味を持つと考えられる。

パーテンは，社会性の発達との関連から，遊びを，① ぼんやりしている（特に何かで遊ぶでもない），② 傍観（他児が遊んでいるのを見ている），③ 一人遊び（他児とかかわりを持たず，一人で遊んでいる），④ 平行遊び（自分だけで遊んでいるが，他児と同じ場所で同じような遊びをしている），⑤ 連合遊び（他児と一緒に遊んでやりとりもしているが，同じ目的を共有していない），⑥ 協同遊び（他児と一緒に共通の目的のもと，協力し合って遊んでいる）の6つに分類している[6]。これらの遊びの型のうち，ぼんやりしている，傍観，一人遊び，平行遊びは3歳までの幼児に中心的に見られ，連合遊び，協同遊びは4歳以降の幼児に中心的に見られるという。

ピアジェ[*1]は，知的機能の発達との関連から，遊びを，① 機能遊び（感覚や運動機能を使い，機能の快を求めて繰り返し行う），② 象徴遊び（象徴機能を使って，あるモノを他のモノに見立てて，虚構世界を楽しむ），③ 規則遊び（参加者が平等に守るべきルールに従って，勝負や成功失敗，優劣，技能などを競う）の3つに分類している[7]。このうち，機能遊びは0歳から2歳，象徴遊びは2歳から7歳，規則遊びは7歳以降において中心的に見られるという。

ヴィゴツキー[*2]は，「遊びは子どもの発達を主導する」と指摘している[8]。幼児は遊びを通して，① 目の前にあるモノや場面に束縛されずに思考することを学び，② ルールを自律的に守り，衝動を制御することを学び，③ 学習や仕事に自ら意欲を持って真剣に参加するための基本的な心理的構えを学ぶのである。

さて，こうした心理学の研究成果は，わが国の保育や幼児教育にも多大な影響を及ぼしてきた。現在でも「保育所保育指針」，「幼稚園教育要領」，「幼保連携型認定こども園教育・保育要領」において，「遊びを通して」の保育や教育の重要性が繰り返し述べられるのは，幼児の能力や心理諸機能は，遊びの中で，遊びを通して発達すると信じられているからに他ならない。

もちろん，こうした考え自体は間違いではない。実際，遊びには，個人や集団の能力を高める機能が備わっているのも確かである。しかし，遊びの中で，遊びを通して個人や集団の能力を発達させていこうとすればするほど，遊び本来の自発性や主体性は見失われ，遊びそのものの面白さを追求しようとする視点が置き

*1 ピアジェ(Piaget, J., 1896～1980)，スイスの発達心理学者。現在の発達心理学分野における研究の多くは，ピアジェの影響を受けているといわれるほど，その影響力は多大。20世紀最大の発達心理学者にして，心理学史上の巨人。

*2 ヴィゴツキー(Vygotsky, L. S., 1896～1934)，旧ソビエトの心理学者。37歳の若さで世を去ったため，実質的な研究活動期間は10年程度。しかし，その間に幅広い分野で実験的・理論的研究を行い，その思想は現在でも多大な影響力を放ち続けている。

去りにされてしまう危険性がある。遊ぶ主体を育てようと躍起になって，遊びを計画し，計画通りに遊ばせようとすればするほど，「遊ぶ幼児」ではなく「遊ばせられる幼児」「大人の手がないと遊べない幼児」を育ててしまうという矛盾に陥る危険性があることを忘れてはならない。

(2) 遊びの面白さを探究すること

「幼児の生活にとって，すべては遊びであり，その遊びに学びがある」という主張は，間違いではない[9]。ピアジェやヴィゴツキーがいうように「遊びが発達を主導する」こともまた事実である。したがって，幼児の健やかな成長・発達を考えたとき，大人による指導・援助も含めた遊びの計画を立案し，遊びを充実させようとすることは決して間違いではないのである。ただ，ここで強調したいのは，それにより遊びの本質ともいうべき主体性や自発性の欠いた遊びを実践してはならない。幼児の遊びから主体性や自発性が失われてはならないのである。

では，幼児の遊びの主体性や自発性を保障しつつ，同時に大人による教育的意図を含んだ「遊びを通しての学び」を実現するためには，どうすればよいのであろうか。解決の糸口は，遊びが本来持つ「面白さ」に今一度注目し，その面白さを追究する点にあると思われる。たとえば，アンリオは，「遊びは何よりも，まず，遊び手とその遊びとの間に存在する遊びによって成立する」と述べている[10]。つまり，遊び手と遊びとの間に生じる遊戯的な意識や態度にこそ，遊びの本質があると考えたのである。また，山田は，「遊びは主体の意識と離れて客観的に存在するものではなく，それは主体の意識と共に揺れ動き，遊びに『なる』という性格をもった活動もしくは状態を指す」と述べている[11]。つまり，遊びは遊ぶ主体の意識によって遊びに「なる」こともあれば，遊びで「なくなる」こともあり，その意味において，主体の意識とともに「生成」されるものなのである。さらに，西村は，「いまか・いまか」「もうちょっと・もうちょっと」と相手の思いを宙づりにしたまま，気をもたせてははぐらかす，この遊び手と遊び相手との間のつかず離れずの同調された遊動の中に，遊びの本質的な骨格を見出せると述べている[12]。これもまた，遊ぶ主体の意識や態度を問題にしていると言

図3-1 箱の中に入って満足の笑みを浮かべる乳児（生後10カ月）。他者と「面白さ」を共有しようとする姿勢はこの頃すでに見え始める。

えよう。

　以上を踏まえて，河崎や加用は，遊びの面白さに迫るには，今まさに遊んでいる当人の，遊びつつ揺れ動く意識や態度に迫ることが重要であると考えた[13,14,15,16]。つまり，遊ぶ主体にとって，なぜその遊びが面白いのか，その心の奥底にある内実に迫り，幼児とともに遊びを通して揺れ動く中で，その面白さの核心に迫るのである。多種多様な遊びの面白さの核心を捉えた上で，その核心の渦の中で遊ぶとき，遊びの主体性や自発性は自ずと保障され，結果的に，遊びの発達的・教育的意義も保障されるのではないかと考えたのである。遊びの面白さに改めて目を向け，その面白さを保育者と幼児，幼児同士，保育者同士がともに笑い合い，面白がる中で追究していくときにこそ，保育・幼児教育における遊びの可能性は拓かれるのではなかろうか。

　以下では，幼児の発達とそれに伴う遊びの展開過程に焦点を当てる。幼児が遊ぶ主体として成長・発達していく中で，彼らにとっての遊びの面白さはどのように変化し，それにより遊びはどのように展開していくのかについて，見ていくことにしよう。

3. 子どもの発達に伴う遊びの展開

(1) いないいないばあ遊び

　目の前の乳児に対して，「いないいない…」といいながら両手で顔を隠した後，「ばあ！」と素早く両手を広げて顔を見せる。誰もが知っている「いないいないばあ遊び」の基本構造であるが，これと同型の構造を持つ遊びは，日本に限らず世界中どこにでも存在する。英語圏では「peek-a-boo」という言葉で表現されるこの遊びは，対象の視覚的消失（いないいない…）と再現（ばあ！）を基本構造に，時間，動作，発話，対象の種類などの工夫を加えて，様々に楽しまれる遊びである[17]。

　この遊びに対する乳児の反応は，生後4カ月頃からと非常に早い。笑ったり，声を出したり，手足をバタつかせたりなど，反応の仕方は様々であるが，なぜ乳児はこのような単純な遊びに対して繰り返し喜びを示すのであろうか。冒頭で述べた基本的信頼感の獲得との関連性，すなわち，「世界は万事うまくいく」という感覚から得られる喜びもその一つとして考えられるが，その他に乳児期に獲得される対象物の永続性の理解との関連性も考えられる。「対象物は，たとえ視界に入っていない時でさえも，何らかの力によって取り除かれない限り，そこに存在し続ける」という対象物の永続性の理解[18]，これを基盤として，乳児は消失したものが期待通りに再び現れることに喜びと満足を感じるのである。

面白がり方も発達によって変化する。伊藤によると，4～6カ月頃の喜び反応は顔が部分的に見えている場合に限られるが，7～9カ月頃になると，顔が完全に隠された状態でも喜び反応を示すようになるという[19]。このあたりの違いには，対象物の永続性の理解の発達が関係している。つまり，対象物の永続性の理解が安定してくるにしたがって，たとえ一時的に顔が見えなくなったとしても，ちゃんと見えない向こうにあるということが分かってくるため，再び現れることを期待して待つことができるようになるのである。

10カ月から1歳頃になると，今度は相手が隠した布に手を伸ばし，「ばあ！」とする前に自らめくって喜んだり，さらには相手が持っている布を奪い取って，自らが大人の「いないいない…」という声に合わせて顔を隠し，「ばあ！」と顔を出すということをするようになる。つまり，この時期，乳児はただ一方的に面白いことを大人に与えられて喜ぶ存在から脱却し，自らが大人の真似をして面白いことをして見せ，大人とともに面白いことを楽しみ，そうして喜びを分かち合おうとする存在へ変化していくのである。さらには自分で布を持って「いないいないばあ」をやって見せた後，それを大人に手渡し，「さあ，今度はあなたの番よ！」といわんばかりに促すという姿も見られるようになる[20]。人に関心を示し，人と人との情動的交流を強く求める時期であり，乳児はいないいないばあ遊びを通して共感を味わうとともに，この時期，世界に対する好奇心・探究心を旺盛に発揮して，人とのかかわり方も受動的なものから能動的なものへと徐々に変化していくのである。

(2) かくれ遊びからマテマテ遊びへ

1歳前後に見られるかくれ遊びは，いないいないばあ遊びの発展型として位置づけることができる。この頃になると，その姿も乳児から幼児へと次第に移り変わり，移動能力もハイハイからつかまり立ち，つかまり歩き，手を離してのよちよち歩きへと，日々飛躍的に進化を遂げていく。ありとあらゆるものに関心を示し，近づき，手を伸ばし，それをつかみ，もて遊ぶという一連の行為をくり返し行うようになる。とにかく，手に入れたばかりの移動能力を発揮するのが嬉しくて仕方ないといった様子である。

いないいないばあ遊びの基本構造は，対象の視覚的消失と再現であると先に述べたが，かくれ遊びもまた，この構造を基本としている。テーブルに手をかけて，つかまりながらよちよちとまわりを歩き，テーブルの向こう側に行ったところでしゃがんで隠れた後，立ち上がって「ばあ！」と現れる。これを見た大人が幼児の遊び心に気付き，「いないいない…」と声をかけようものなら，なおいっそう喜んで，「ばあ！」という声かけとともに大はしゃぎで顔を出す。いないい

ないばあ遊びと変わらないように見えるが，幼児が自ら移動し，移動した先で自ら隠れ場所を見つけるという点に違いが見られる。

カーテンの陰や扉の向こう，物陰など，移動した先で様々な隠れ場所を見つけては，すっと隠れる。すると，そばにいる大人もまた，幼児の遊び心に合わせるように「あれぇ？　○○ちゃん，どこに行ったのかなぁ？」ととぼけた声を出して探すふりをする。こうなると幼児はもう大喜びで，ひょいと顔を出し，「見いつけた！」という大人の声にさらに大はしゃぎ。また，集団保育の場では，一人の幼児が隠れると，他の幼児も同調して隠れ始める。幼児は保育者に「見いつけた！」と居場所を暴露され，抱き寄せられることを期待して隠れる[21]。ここには，大好きな大人に期待通りに見つけてもらうという喜びと，隠れて驚かそうとするときのドキドキワクワクの喜びがある。

ちょうど同じ頃，マテマテ遊びも見られるようになる。笑いながら逃げる幼児を，大人が「マテマテ」と追いかける姿からこのように呼ばれたのであろう。ハイハイし，よちよち歩きをする幼児の姿を見ながら，大人は追いかけ捕まえようとする素振りを見せる。これに対して，幼児も必死に逃げようとする素振りを見せる。大人がついに捕まえると，捕まえられた幼児は緊張から解き放たれたかのように，喜びを身体全体で表現する[22]。この場合も，先の2つの遊びと同様に，「捕まえられることを期待して逃げる」ところに，この遊びの面白さの本質を見出すことができる。つまり，人と人との情動的つながりと，逃げるときの気持ちの高揚を同時に味わえるところに，この遊びの面白さの核心があると思われる。

幼児の走力が増すほどに面白さが高まる点も，この遊びの特徴であろう。かくれ遊びでは，幼児はハイハイやよちよち歩きをした先で隠れ，見つけてもらうのを待つわけであるが，マテマテ遊びでは，幼児は大人に捕まらないように必死で逃げる。身体全体を使って，活発な動きをする。そのため，気分も高揚しやすく，「はぁー，はぁー」と息を弾ませながら，「もう1回！」と何度もリクエストしたくなるような楽しい遊びになるのである[21]。

(3) 追いかけ遊びから鬼ごっこへ

マテマテ遊びは，追いかける大人と逃げる幼児との間の1対1関係によって成立する。しかし，1歳から1歳半頃になると，次第に複数の幼児が加わって，「捕まえられることを期待して逃げる」ことの楽しさを皆で共感し合いながら，逃げ回るようになる。さらに1歳半から2歳頃には，逃げるばかりであった幼児達が，今度は役割を交替して大人を追いかけるようになり，2歳半頃には大人だけでなく友達をも追いかけるようになる[23]。

追いかけ遊びは，マテマテ遊びと異なり，幼児が大人を追いかけるという構図

によって成り立つ。具体的には，大人は「捕まえる」という役割に幼児が飽きない程度に，「あとちょっと・あとちょっと」という距離をとりつつ逃げ回り，そして，幼児が飽きてきた頃を見計らって捕まえられる[21]。幼児は大人との間にほどよい緊張関係を感じながら，自らの走力をフル回転して大人を追いかけ，最終的に「捕まえることができた！」という達成感を感じることができる。この遊びの面白さは，この点にあるといえよう。追いかけ遊びを楽しむには，幼児側にある程度の走力が必要であり，身体を目一杯動かすことによる気分の高揚と捕まえたときの達成感が心地よい遊びである。

鬼ごっこは，追いかけ遊びにおいて生じた緊張関係がさらに高まる遊びであり，3歳を過ぎた頃から徐々に見られるようになる。ルールに基づいてオニとコが対立し，勝敗を競い合う遊びであり，一方の勝ちが他方の負けを意味することから，そこで生じる敵対関係が幼児にとって大きな緊張感をもたらすことになる。また，「ルールに基づいて勝敗を競う」というルール遊びの要素が中核にあることから，遊び成立のためには，参加者一人一人がルールを理解し，個々の行動がルール違反であるかどうかを話し合える程度に，参加者間でルールが自覚的に意識される必要がある[23]。

敵対関係による緊張感の高まりとルール理解の困難さ。いないいないばあ遊びに始まり，かくれ遊び，マテマテ遊び，追いかけ遊びまでは，ドキドキワクワクを伴いながらの情動的交流が遊びの面白さの中核を担ってきたが，それらが鬼ごっこへと発展したとき，途端に話はそう簡単にいかなくなる。幼児集団が鬼ごっこを楽しいものとして成立させていくためには，幼児一人一人がルールを理解し，負けたときの悔しさや怒り，悲しみを乗り越えていく必要がある。これが実は，非常に厄介なのである。

例えば2歳児クラスで鬼ごっこを始めた場合，一体どうなるであろうか。実践報告では，遊びの最中にオニとコがそれぞれ役割を忘れ，ついには互いにニコニコ顔を見合わせながら走り続けるという共感的遊びに転化した事例や，オニに帽子を取られたコが本気で怒り始め遊びが崩壊した事例などが報告されている[23]。

このように，幼児一人一人が鬼ごっこを集団で楽しめるようになるためには，保育者はルール理解と情動反応の問題に対して，導入や指導・援助の仕方をうまく工夫しつつ取り組んでいく必要がある。たとえば，伊藤は，4歳児クラスによる次のような取り組みを紹介している[22]。そのクラスでは鬼ごっこをしたところ，捕まってもオニになったという意識がなく，交替していいものやら不安で大人の顔色を窺っている幼児が多かったという。すなわち，役割を保持することと役割交替のルールに従うことの2点に困難を抱えていたのである。そこで保育者は，次のような指導を段階的に行った。① 絵本「オオカミと七ひきのこやぎ」

の読み聞かせを行う。それにより，オオカミとこやぎの敵対関係についてのイメージを膨らませる。②「オオカミさん，今何時？」という遊びを導入する。オオカミになった子はオオカミのお面を付け，その他の子はこやぎのお面を付ける。それにより，幼児達がオニとコを識別しやすくする。③「追いかけ鬼」を導入する。オニは帽子をつけ，交替の時に次のオニに帽子を渡す。それにより，オニの交替が参加者全員に理解しやすくする。④ 帽子なしで「追いかけ鬼」を行う。⑤ 最終的に，「高鬼」を導入する。

　以上のような段階的な指導の結果，幼児は絵本からオオカミとこやぎのイメージを膨らませ，お面や帽子などのシンボルを手掛かりとしながらそれぞれの役割行動をとる経験を積み重ねていく中で，徐々にオニとコとの対立関係が理解できるようになり，オニにタッチされると交替というルールも理解でき，最終的には集団で楽しく鬼ごっこ（高鬼）を展開できるようになったという。神田は，次のように述べている。

　　「この時期，保育者には，勝負の楽しさを性急に持ち込むのではなく，バリエーションに富んだルールを豊富に提供することが求められるであろう。そうすることで，幼児達は遊び全体を見通す視点を獲得し，『追い』と『逃げ』との交換性を高めて，情動反応を不必要に引き起こすことなく，鬼ごっこへ移行する内的条件を成熟させていくのではないだろうか[23]」。

　鬼ごっこは，ルールのある遊びである。したがって，参加者それぞれがルールを理解し，それを遵守することで，この遊びは成立する。しかし，だからといって，この遊びの面白さがそこにあるのかというと，そうではない。鬼ごっこの面白さは，「捕まるまい」「捕まえなくちゃ」と自分の身体を目一杯動かし，知恵を振り絞って走り回る点にある。遊びの参加者がオニとコというそれぞれの役割を引き受けて，遊びの上で対立し合いながら，それぞれが「コを捕まえる」「オニに捕まらないように逃げる」という対立的な目標行動を取り合う中で，その対立関係そのものを楽しむことが鬼ごっこの面白さの核心なのである[13]。

　以上，いないいないばあ遊び，かくれ遊び，マテマテ遊び，追いかけ遊び，鬼ごっこの5つの遊びを取り上げ，幼児の発達に伴う遊びの展開過程を追ってきた。これらの遊びは，幼児と大人との情動的な交流，幼児同士の共感的関係，いなくなったかと思うと再び現れ，追いつ追われつをくり返すなど，躍動する手足とともに気分の高揚が味わえるといった点に，共通の面白さを見出すことができる。幼児はこうした遊びの面白さの核心の渦の中で認識と感情との揺れ動きを経験しながら，徐々に自他の認識を深め，かけがえのない自我を育てていくものと

思われる．したがって，私達大人は，幼児の遊びの面白さの核心は何かを常に探り，追究していく必要があると言えよう．

引用文献

1) エリクソン，E. H., 仁科弥生訳『幼児期と社会 1』みすず書房, 1977 年
2) シンガー，D. G. & シンガー，J. L. 高橋たまき他訳『遊びがひらく想像力―創造的人間への道筋』新曜社, 1997 年
3) エリス，M. J., 森楙他訳『人間はなぜ遊ぶか―遊びの総合理論』黎明書房, 1977 年
4) ホイジンガ，J., 里見元一郎訳『ホモ・ルーデンス』河出書房新社, 1971 年, 56 〜 57 頁
5) カイヨワ，R., 清水幾太郎・霧生和夫訳『遊びと人間』岩波書店, 1970 年
6) Parten, M. B., Social participant among pre-school children, *Journal of Abnormal and Psychology*, 27, 1932, pp. 243 〜 269
7) ピアジェ，J., 大伴 茂訳『遊びの心理学』黎明書房, 1967 年
8) ヴィゴツキー，L. S., 神谷栄司訳「子どもの心理発達における遊びとその役割」神谷栄司編『ごっこ遊びの世界―虚構場面の想像と乳幼児の発達』法政出版, 1989 年, 2 〜 34 頁
9) 無藤 隆「子どもの生活・遊び・学び」無藤 隆編『幼児の心理と保育』ミネルヴァ書房, 2001, 1 〜 16 頁
10) アンリオ，J., 佐藤信夫訳『遊び』白水社, 1986 年
11) 山田 敏『遊びを基盤とした保育』明治図書, 1999 年, 22 頁
12) 西村清和『遊びの現象学』勁草書房, 1989 年
13) 河崎道夫『あそびのひみつ』ひとなる書房, 1994 年
14) 河崎道夫『発達を見る目を豊かに』ひとなる書房, 1997 年
15) 加用文男『子ども心と秋の空』ひとなる書房, 1990 年
16) 加用文男『忍者にであった子どもたち』ひとなる書房, 1994 年
17) ブルーナー，J. S., 寺田晃・本郷一夫訳『乳幼児の話しことば―コミュニケーションの学習』新曜社, 1988 年
18) Piaget, J., *The construction of reality in the child*, New York: Basic Books, 1954.
19) 伊藤良子「いないいないばあはなぜ面白いのか」山崎愛世・心理科学研究会編『遊びの発達心理学』萌文社, 1991 年, 11 〜 28 頁
20) 松田千都「いないいないばあ遊び―対面的なやりとりによる世界の広がり」都筑学編『やさしい発達心理学』ナカニシヤ出版, 2008 年, 53 〜 67 頁
21) 勅使千鶴『子どもの発達とあそびの指導』ひとなる書房, 1999 年
22) 伊藤良子「ルール遊び」河崎道夫編『子どものあそびと発達』ひとなる書房, 1983 年, 261 〜 285 頁
23) 神田英雄「追いかけ遊びからオニごっこへ」山崎愛世・心理科学研究会編『遊びの発達心理学』萌文社, 1991 年, 29 〜 63 頁

4章 登降園場面における保育者の援助と保護者対応

▶ ・登降園場面で求められる保育者の援助と役割
・保護者対応で配慮するべきこと
・登降園場面から見る幼児理解の実践

1. 登降園場面における保育者の援助と保護者対応の基本的な考え方

　登降園場面は，保護者や保育者にとっては慌ただしい時間帯でありながら，幼児にとっては家庭と園の接点のような時間であり，生活の流れの切り替えともいうべき大切なひとときである。

　そこでの保育者の援助や役割について基本的な事項をまずおさえ，次節では，そのような流れの中でどのように保育者の専門性を発揮できるのか，ということを事例とともに保育実践サイクルに添って検討していくことにする。

(1) 登園場面の基本的な事柄と保育者の援助

1 受け入れ時の基本的事項

　朝の登園時は，園での一日の始まりである。気持ちよく一日がスタートできるように，幼児達が登園する前に保育室，園庭などを掃除，整理整頓する。大体は前日に整えておくとしても，窓を開け新鮮な空気を入れる，飾ってある花の手入れや水換えをするなど，再確認は必要であろう。雨の日は，傘立ての準備，テラスにマットを敷く，などの配慮が加わる。

　幼児達が登園してすぐに遊びに入ることができるように，それぞれのコーナー*を魅力ある設定にしておくことも大切である。朝の打ち合わせなどの合間にこれらをこなし，いよいよ幼児達の登園である。

2 幼児への対応

　朝，元気よく登園してくる子もいれば，保護者と離れたくなくて泣き出しそう

* コーナーには「ままごとコーナー」「絵本コーナー」「構成遊びコーナー」などがあり，落ち着いて遊べるようにそれぞれ家具などでゆるやかに囲い，空間が保障されている。登園した幼児は，好きな遊びを見つけて展開していく。

図 4-1　おはよう　登園の場面

な子，家で叱られたりして不機嫌に登園してくる子……朝の幼児達の表情は様々である。保育者は，その一人一人に明るく挨拶の声をかけ，朝の受け入れを行う。元気に飛び付いてきて，手の平を向けてくる子がいたら，その手を保育者の手とパチンと合わせる，もじもじしている子がいたら，視線を低くあわせて，「おはよう」と優しく覗き込む。形として表れる「挨拶」を形式通りにすることが目的なのではなく，その子の朝の気持ちをしっかりと受け止め，慌ただしい中でも気持ちを通わせることが大事であると思う。保育者の側から視線を合わせて「おはよう」と笑顔で声をかける，そうすると幼児の側からは「おはよう」「今日も園が楽しみ」「先生に会えて嬉しい」「お友達と遊びたい」そんな気持ちが生き生きと伝わってくる，それで十分である。

　「あら，ご挨拶は？」などと強制しなくても，保育者や保護者が気持ちよく挨拶を交わすうちに，いつの間にか自然と心のこもった意味のある挨拶ができるようになるし，そういった心のこもった挨拶は，人とのコミュニケーションの始まりとなるのである。

　その際，保育所保育指針の第3章1 (1) イ*にあるように，体調はどうか，機嫌はどうか，様子を素早く観察して，気になる点がある場合には，保護者に声をかけ，様子を聞くなどして対応することが必要である。また，保育所のように登園時間に幅のある場合，すでに受け入れた幼児達との遊びの充実と，受け入れ（挨拶や保護者への対応）を両立させることは，はじめのうち難しいと感じることがある。もし二人以上の保育者がかかわることができるのであれば，一人が受け入れ対応をし，もう一人がすでに登園した幼児の遊びを見るというような役割分担も考えられるであろう。一人で対応しなければならない場合には，すでに登園した幼児達には，遊び込めるようなコーナーを用意するなど工夫して，すでに遊びがはじまっている幼児達との対応をしながらも，受け入れに配慮ができるような保育内容と空間を考えることも必要である。

*　保護者からの情報とともに，登所時及び保育中を通じて子どもの状態を観察し，何らかの疾病が疑われる状態や障害が認められた場合には，保護者に連絡するとともに，嘱託医と相談するなど適切な対応を図ること。看護師等が配置されている場合には，その専門性を生かした対応を図ること。
厚生労働省『保育所保育指針』〔第3章1 (1) イ〕，2017年

③ 幼児と保護者の関係も大切に考える

保護者と幼児が離れる際に「いってらっしゃい」「いってきます」というようなやりとりを親子でも行うとよいだろう。保育所では，保護者の方が「いってきます」というし，幼稚園では保護者の方が「いってらっしゃい」と声をかける立場になるのだと思うが，幼児が遊んでいるからといって挨拶もせずさっさと行ってしまうような場合には，「お母さんに行ってらっしゃいをしようね」などと幼児に声をかけ，親子の間でもしっかりと視線を合わせて，心を通わせる一瞬を作るように援助するのがよいであろう。

(2) 降園場面の基本的な事柄と保育者の援助

降園場面については，幼稚園では「帰りの会」などで，クラスで歌を歌ったりしてさようならの挨拶をするところが多い。

「帰りの会」では，一日の出来事を話したり，けんかなどでわだかまりのありそうな子には，個別に声をかけたりする。

また，「明日なにをするか」という見通しを伝えることも大切である。特に大きなイベントがなくても，明日の予定を聞くことで幼児達は，明日を楽しみに待つのである。帰る間際の保育者との挨拶では，一人ずつパチンと手をあわせたり，握手をしたり，ジャンケンをするなど工夫している園がある。それが幼児にとって楽しみであり，その日の充実を確認できるのであれば，貴重な時間といえる。そこでは一言でよいから，明日への期待を込めた言葉をかける。たとえば「明日も○○遊びの続きをやろうね」などと伝えると幼児は明日を楽しみに待てるし，「今日も楽しかったなあ」というさらなる充実感に繋がるだろう。

図4-2　バイバイ　降園の一場面

(3) 登降園場面での保護者対応の考え方
① コミュニケーションの重要性

登降園場面での保護者との会話は，日常的に幼児の様子を伝える絶好の機会で

ある。

　保育所保育指針の第4章2（1）ア＊にあるように，保育者は，保護者との相互理解に努めなければならない。その方法は個人面談や保護者会，園内の掲示，おたよりや連絡帳など様々であるが，最も身近で日々行うことができる方法として，登降園時の挨拶や会話などのコミュニケーションがある。登降園時の会話では，その日の様子やちょっとしたエピソードを伝えるが，他の方法と違う良さとして，その日の出来事をタイムリーに伝えることができるという点があげられる。また，個人面談や懇談会などの改まった場ではなかなか伝えきれない様子を伝えることができたり，家庭でのちょっとした様子を聞くことができたりする，という利点もある。

　たとえば「今日は○○君，泥団子をピカピカにする秘密の白い砂を見つけたのですよ」とか「○○ちゃん，アリを捕まえて得意顔で私（保育者）に見せてくれたのですけど，見せてくれた時にはぎゅっと握り過ぎてアリはすでに丸くなって動かなくなっていたのですよ」などという，ちょっとしたエピソードや，保護者の側からは「今朝，お父さんに叱られて朝ご飯をほとんど食べずに来てしまったのです」とか「最近私（母）がイライラして，すぐに子どもにあたってしまって，今日も〜」というような感じで，改まって話すことではないような情報交換がある。そういった会話から垣間みることのできる幼児の日常を知ることで，保育者も保護者もその子への理解を更に深めることができるのである。

　このように，日頃から何でも話し合える間柄を保護者との間で作っておくことは，保育をすすめる上で，非常に大切なことである。

　また，そこで培われた信頼関係により，保育の中でちょっとした問題やトラブルがあっても，お互いに前向きに考えることができたり，冷静な対応ができたりして，大きな問題に発展せずに済む場合がある。

　しかし，保護者の中には，声を掛けにくい雰囲気の人がいるかもしれないし，幼児によっても，話題に尽きない子もいれば，一日を振り返った時に「今日何をしていたかしら？」というようなタイプの子もいるであろう。そういったすべての保護者に偏りがないように接して行くということは，慣れるまではなかなか大変なことである。できるだけメモを持ち歩いて，日中のちょっとした幼児の様子や会話などを書き留めておき，それを保護者に伝えるという方法もあるだろう。また，偏った保護者とばかり会話するということがないように，エピソードを伝えた保護者をメモしておいたり，一覧表にチェックしたりする方法も有効であろう。大事なことは，「何を話したか」ということより，ざっくばらんに情報交換できる雰囲気を日頃から作っておく努力をするということである。保護者対応といっても，基本は信頼関係の積み重ねであることを忘れてはいけない。

＊　日常の保育に関連した様々な機会を活用し子どもの日々の様子の伝達や収集，保育所保育の意図の説明などを通じて，保護者との相互理解を図るよう努めること。
厚生労働省『保育所保育指針』〔第4章2（1）ア〕，2017年

2　エピソードの伝え方

　次に降園時に幼児の一日の様子をどのように伝えるか，という点に触れたい。様子については，降園までの間にメモを見直すなり，頭の中でその日のその子の様子を振り返る必要がある。ただ「今日も元気でした」とか「○○公園にお散歩に行って良く歩きました」というような，どの子にも当てはまるような内容よりは，その子に焦点を当てたエピソードがよい。一日の出来事の全てを伝える必要はないし，褒めなくてはいけないということもない。温かい保育者の眼差しを通したその子の姿が一瞬でも，目に浮かぶように伝えられたらそれでよいのではないか。保育者のその子を見る眼差しの温かさが，エピソードを豊かにし，そこでよい感情が伝わり，そういった小さな積み重ねが，保護者との信頼関係を作っていく。トラブルや怪我などの伝えにくい出来事を話す場合にも，前向きに，保護者が子育てに自信や意欲を持てるような伝え方を心がけるのがよいだろう。

3　伝えにくいことを話す時

　園では，怪我や事故など，やむを得ず起きてしまった，伝えにくいことを伝えなければならない状況が少なからずある。

　怪我をした場合の原因がケンカであり，そのきっかけを作ったのは怪我をした本人にあったとしても，先ずは怪我の事実を申し訳なかったという気持ちとともに伝え，それから状況の説明をすると，保護者も落ち着いて聞くだろう。

　怪我をした子への配慮だけでなく，ケンカなどでの怪我の場合，怪我をさせてしまった子の保護者への対応も大切である。怪我をさせてしまった子の保護者もその事実を聞くと胸が痛み，ショックを受けたり，落ち込んだりしているものである。

　ある保育所で，毎日のように「○○君に怪我をさせてしまいました。○○君のお母さんに会ったら謝ってください」という連絡を受け取っていた保護者がいたのだが，そのお母さん，実は仕事の後に保育所に迎えに行くのが憂鬱であったそうだ。「今日もやったのね」「また今日も…」と思ううち，園に迎えに行くのが憂鬱になったというのである。担任は，あったことはすべて正確に伝えなければという責任感からの連絡であったのだが，それが保護者の大きな負担になっていたことを知り，それからは多少のことは伝えずに，大きな出来事だけを伝えるようにしたとのことである。

　また「ケンカ」という言葉をいけないことのように受け取り，敏感になってしまう保護者もいるので，できるだけ「ケンカ」などの言葉は使わず，具体的なトラブルの経緯を伝えるとよいであろう。そしてその際，伝えなければならないマイナスのことを，プラスの内容に挟んで伝えると保護者のショックを和らげるこ

ともある。たとえば「いつもは友達に優しくて、小さい子のお世話も良くしてくれるA君ですが、今日は虫の居所が悪かったのか、場所の取り合いがきっかけでBちゃんをひっかいてしまったのです。落ち着いた後はまた一緒にままごとで遊んでいたのですが、Bちゃんの顔にちょっと傷ができてしまったので、Bちゃんのお母さんに会ったら一言声をかけてもらえませんか」というような具合である。「普段は友達に優しい」とか「また一緒に遊んだ」というプラスの表現の間に怪我をさせてしまったマイナスの事実を挟み、「ケンカ」という言葉を使わずに、経緯を伝えるのである。

　こういったひっかきや噛み付きなどの怪我の場合、傷ついてしまった子の保護者に怪我をさせてしまった子の名前を伝えるかどうかは、園により対応は様々である。一般的には乳児クラスの場合には「お友達に噛まれてしまいました。すぐに冷やしましたが、後が残ってしまい、申し訳ありませんでした」というように相手の名前を伏せて伝えることが多い。だが幼児の場合には、相手の名前を伏せて保護者に伝えても、家で子どもが話すので、かえって保護者同士が気まずくなってしまう場合がある。そのため、幼児の場合は前述のように相手の名前を伝えることが多い。その場合は、怪我をさせてしまった子の保護者にも伝え、登降園時に会ったら相手の保護者に直接声をかけてもらうと良いだろう。

　保護者への対応では、やはり日頃から伝えやすい雰囲気作りや、その保護者の考え方などを知っておく努力は必要である。

2. 幼児理解からはじまる「登降園場面」での事例

　前節での基本的な保育者の配慮や役割を踏まえて、実際の登降園場面の事例から幼児理解→保育計画→実践→省察という保育実践サイクルに基づいて検討を行う。

(1) 登園場面の事例（保育所　4歳児男児　4月）

幼児理解
　T男は、毎朝、母親と登園してくるが、なかなか保護者から離れることができない。
　保育者が「おはよう」と声を掛けても保護者の後ろに隠れてしまい、うつむいてしまう。
　＜保育者の読み取り＞
　4歳児クラスから入園したT男は、まだ気の合う友達を見つけることができず、好きな遊びもなかなか自分からは見つけることができないため、登園時は特に不安が強いようだ。
　でもここ数日は、保護者から離れる時には泣いても、少し時間が経つとままごとコーナーの白いゾウのぬいぐるみを持って、一人で遊ぶ姿がみられている。

ゾウを連れて部屋の中を歩き回り，楽しそうな場面も見られる。
気にいった白いゾウで遊ぶことで，気持ちが安定するようだ。

保育計画
登園時，保育者がT男のお気に入りの白いゾウのぬいぐるみを持って受け入れをしたらどうか。
そのゾウを見ることで，園での遊びのイメージが湧き，保護者と離れるきっかけになるのではないか。

実　践
翌日，T男が登園する時間帯に，保育者はポケットに白いゾウを忍ばせておく。
保護者と登園したT男に「おはよう」と声をかけた後，白いゾウをポケットから取り出し「T君，おはよう！ぼくも待っていたよ！今日も一緒に遊ぼうね」とゾウに語らせる口調で話してみる。
T男の顔の緊張がふっと緩み，母親の顔を見上げる。
そして，そのゾウにゆっくり手を伸ばす。
ゾウを手に取ると，無言で母親に手を振って，泣かずに別れることができた。

省　察
T男は，保護者と離れることが辛いというよりは，園での遊びのイメージをもつことが朝の段階では難しく，漠然とした不安があったのだと思う。遊びのきっかけが見つけられないのであって，きっかけさえあれば，T男の豊かなイメージで遊びの世界に入って行くことができるのである。
次の段階としては，ゾウがなくても，保護者とスムーズに別れて，保育室に自分から入ることができると良いと思う。

新たな幼児理解
白いゾウが心の安定剤となり，次第に遊びを広げて行くことができるようになり，ままごとコーナーからブロックのコーナーなどへと遊びの空間も広がっている。
空間が広がったことで，友達とのかかわりも見られている。
ただ，白いゾウが見当たらないと，「先生，白いゾウは？」と聞いて来る。時々確認し，心を安定させているようだ。

新たな保育計画
明日の登園時には，白いゾウを持ち出さずに，「昨日楽しかったブロックの続きをしようか」と声をかけて，具体的な遊びのイメージを膨らませることができるように声をかけてみよう。

4章　登降園場面における保育者の援助と保護者対応

実　践
　登園時，もじもじして保護者から離れないT男に，「昨日は，一緒にブロックで車を作って楽しかったね。今日も，続きをしようか」と声をかける。
　それでも不安そうに，うつむいているので，「ゾウ君も待っているよ」と手を出すと，その保育者の手を握り，泣かずに保育室に入ることができた。
　はじめは白いゾウの所へ行き遊んだが，その後すぐにブロックで遊びはじめる。

省　察
　T男の中で，遊びたいことがイメージとしてできてくると，白いゾウの存在は次第に薄くなっていったようだ。
　日中の遊びを充実させることで，朝の登園がスムーズになってきたように思う。

(2) 降園場面の事例（保育所　5歳児男児　6月）

幼児理解
　帰りの支度の時間になり保育者が片付けの声をかけた時，Y男の作っていたレゴブロックの街を，友達が「もう片付けだよ」と壊してしまった。
　Y男はせっかく作った街を壊されてしょんぼりしている。

＜保育者の読み取り＞
　Y男は苦労して作ったブロックの街を壊されてしまってショックだったに違いない。
　友達は「片付け」を理由に壊したのであって，悪気があるわけではないので，その時はケンカにもならなかったが，ブロックがやっとでき上がる頃にいつも片付けになってしまうので，気になっている。

保育計画
　空いている棚を利用して，作りかけのレゴブロックの街や車を保存しておき，そのまま翌日に続きをできるようにとっておくようにしたらどうか。

実　践
　翌日，クラス全員に作りかけのレゴブロックをとっておけるようにしたらどうかと提案する。
　Y男は「よっしゃ！」と喜びの声をあげ，皆も賛成した。
　そして早速レゴブロックで遊び始めた。
　普段より，多くの子が遊ぶ姿が見られた。
　片付けの時には，空いている棚に作りかけをしまい，ビニールテープで保育者が名前をつける。
　Y男は「先生，これ（ブロック），まもっといてね」と笑顔で帰ることができた。

> **省　察**
>
> 続きができるという安心感が明日への期待となり，帰りの笑顔が生き生きとしていたように思う。
> また棚にビニールテープで名前を貼ってもらうことで，作った作品を保育者や友達，迎えに来た保護者に見てもらえることも嬉しかったようである。
> ますますレゴブロックに夢中になっているように思える。

　この後，ブロック遊びは増々充実していき，帰りの会では作品の発表をし合う活動を行う。また明日使いたい教材（道路標識や動物などブロックの街作りのパーツ）を幼児が保育者に伝えたり，保育者が新たに追加する教材を発表したりするというやりとりを，帰りの会のひとときで行うようになった。

3. まとめ

　以上，二つの事例（登園と降園場面）を幼児理解→計画→実践→省察という保育実践サイクルに基づいてあげたが，そこから見えることを整理する。

(1) その子の生活全体から理解への方法を探る

　登降園場面といっても，決してその場面だけ切り離して考えているわけではなく，どちらの事例でも幼児理解から省察に至るまで日常のその幼児の活動全体をよく観察して保育が行われている。幼児理解は，その目の前の事柄だけを抜き出して考えるのではなく，その幼児の生活全体から（場合によっては家庭での様子を聞いたりしながら）考えていく必要がある。つまり，その子の興味・関心やふとしたつぶやきなどもしっかり捉えて理解していくことが求められている。

　事例1の登園場面の問題でも，その場だけで解決法を考えるのではなく，日中の様子からヒントを得るとか，日中の活動を充実させるといったことから問題が解決され，登園場面がスムーズになっていることがわかる。

　日々の生活全体を通した幼児理解→計画→実践→省察，そしてまた幼児理解に繋がっていく螺旋状の循環が，保育の専門性（力）と考えられるのではないか。

(2) 登園時も降園時も，前日や翌日との繋がりを大切に考える

　登園時は一日のはじまりと最初に述べたが，実は前日の保育からの繋がりがあり，前日の活動の充実とその日の活動への期待が登園時のエネルギーとなっている。そして，事例2からも見てとれるように，降園時の充実感は，その日一日の活動の豊かさが明日へ繋がるという安心感によってさらに大きくなっている。

図4-3 行ってきます 登園の場面

(3) 保育者の専門性は，幼児一人一人に作用する

　事例1の白いゾウの登場や事例2の保存棚を作るというアイディアは，一見何の計画性もない保育者のその場の思いつきのように見えることがある。

　だがその行為が幼児の安心感や充実感にぴったりと当てはまる時，幼児の中に心地よさを生み出す。それは決して保育者の思い付きなのではなく，保育者の専門性が発揮された瞬間といえるのではないだろうか。

　保育者の専門性を高めるということは，そういった幼児理解→計画→実践→省察の循環の繰り返しの中から少しずつ積み重ねられていくものであり，保育者のその援助は幼児一人一人に対応していくものである。

　そういったきめ細かな対応が積み重なり，一人一人が安心感や充実感の中で活動を豊かにした時，クラス全体の活動が満たされ，充実していくことに繋がるのである。

　保育者の援助は，すべて幼児理解からはじまるといっても過言ではないだろう。

参考文献
文部科学省『幼稚園教育要領』2017年
厚生労働省『保育所保育指針』2017年
久富陽子・梅田優子『保育方法の実践的理解』萌文書林，2008年，79〜81頁，165頁

5章 幼児の遊びの発展と保育者の援助

▶ ・遊びの発展とはどんな場面なのか知ろう。
・友達と一緒に考えながら，一人一人が成長する姿を知ろう。

1. 遊びの発展と保育者

(1)「遊びの発展」と「援助」とは何か

　本章では，幼児期の遊びの大切さを再認識しながら，遊びが発展するための保育者の援助について考えていく。

　まず，幼児期の「遊び」の捉えかたと，その重要性について考えたい。幼児期には，何か成果をあげるために遊んだり，最初から計画性を持って遊んだりということは非常に少ない。周囲の環境に働きかけながら，自由に工夫し，発見しながら生活しているからである。その過程の中で，様々な感情を味わいながら，成長が見られるということである。

　では，保育においての遊びの発展とはどのようなものなのだろうか。実習やボランティア活動で，保育所や幼稚園などに行ったことがある人であれば，幼児が熱中して遊ぶ姿に出会った経験があるだろう。その中で，遊びがたいへん盛り上がった場面があるかもしれない。また，思いもよらない方向に進む様子を見かけたかもしれない。このような遊びの様子は「遊びの発展」の一場面だといえるだろう。逆に，一見大きな変化は見られなくても，遊びが着々と変化したり，一人で遊んでいた幼児がいつの間にか別の幼児と協力して遊びに取り組んでいたりする場面もあるだろう。こちらも見えにくいかもしれないが「遊びの発展」とよべるだろう。幼児は，生活の中で，遊びながら気付いたり考えたりする。そして，その経験を通して，内面的（精神的）に成長をしていくのである。一つの遊びを通して，幼児の好奇心や思考力が芽生え，友達と遊びたいという気持ちが高まったり，自分の思いを表現したいと望む姿勢が生まれるということである。そのような友達とのかかわりや内面の変化から，活動が広がったり，お互いに成長し

合ったりする過程を「遊びの発展」とイメージしてほしい。そこには，目に見える形での変化だけではなく，友達とのかかわりが広がったり，深まったり，探究心が刺激されたり，幼児自身が挑戦したいと願ったりする思いも，もちろん含まれている。

では，遊びの発展における保育者の援助とは何だろう。今回の改訂（改定）により，幼稚園・保育所・幼保連携型認定こども園は，幼児教育施設として正式に位置付けられた。それは単なる小学校教育への接続を意味するものではなく，0歳～18歳までの連続性を意識した視点である。そして，その中核で「遊びや生活を通しての総合的な指導」という独自の視点が強調された。さらに，幼児教育において育みたい「資質・能力」が，遊びや生活の中から生まれることを改めて問い直したことも重要なポイントである。

保育者は，就学前の子どもの独自性を尊重し，遊びの発展を注意深く観察するとともに，十分に遊びこめる環境構成を作る必要があろう。その中で生まれる子どもの主体性を大切にしていくことが，幼児教育の本質であり，遊びの援助である。

(2) 遊びにみられる「思考力の芽生え」と「知的好奇心」

ここでは，保育者の援助に欠かせない2つのキーワードについて説明していくことにする。

1 思考力の芽生え

「思考力の芽生え」という文言は，2007年改正の学校教育法における第23条の保育者の援助に関する幼稚園の目標に初めて示された言葉である。

2005年に行われた「幼稚園教育専門部会〔第4期第1回（第9回）〕」においては，「思考力」の項目について次のような意見が出されている。

> **思考力**
> ○ 思考力の芽生えを培うことは，小学校以降の学習の基盤となる。体験を通して，試したり，確かめたりできる環境づくりが大切。
> ○ 遊びを工夫するなど，遊びを通じて思考力の芽生えを養うことが大切。
> ○ 思考力の芽生えは幼児の生活全体を通じて養われる。
> ○ それぞれの幼児の考えを大切にすることが必要ではないか。

これらの流れをうけ，現在は新しい3法令の「幼児期の終わりまでに育ってほしい姿」の一つに，「思考力の芽生え」が示されている。「思考力の芽生え」は5歳児の終わりに突然芽生えるものではない。また，そこまでに獲得しなければいけない到達目標でもない。そこには完成された姿はなく，育ってきたプロセスを

図 5-1　次は何をしようかな

残した，もっと育とうとする姿なのである。保育者はそのことを理解し，遊びや生活の中で子どもに寄り添う姿勢が求められるだろう。

　幼児は，生活の中でいろいろなものごとに興味をもつと，すぐに触れたり，試したりしたがる存在である。しかし，ただなんとなくそうしているのではない。幼児は，「これは何だろう？」「なぜだろう？」「どうなるのだろう？」と対象にかかわる中で，好奇心や探究心を深め，世界を広げていくのである。特に，保育現場においては，仲間の存在も意味をもつだろう。幼児期に，仲間と一緒に遊びの面白さや不思議さを共有し，アイディアを出し合う経験は，遊びの発展にも大きく影響していると考えられるのである。幼児は，そうした仲間との関係を築く中で，活動を十分に深めたり，物事の法則や約束に気が付いたりする場面が多くみられる。つまり，新しい知識を大人が教え込むのではなく，幼児自身の周囲への働きかけによって，思考力は芽生えていくのである。したがって保育者は，そのような幼児の好奇心や探究心に気付ける力が求められている。また，幼児のこのような周囲への熱心な働きかけを丁寧に受け止め，遊びの中で援助すべきである。

② 知的好奇心

　幼児が，遊びの中で周囲の環境とかかわり，周囲の世界に興味を持つとき，「思考力の芽生え」の支えとなるものが「知的好奇心」である。「知的好奇心」とは，乳幼児が，「なぜ？」「どうして？」を連発するようなところに隠れている気持ちのことである。たとえば，空を見上げたときに，「なんで青いの？」と尋ねたりする。また，クレヨンで絵を描いているときに突然「どうしてクレヨンは色がつくの？」と聞いたりする。このような質問は，大人にとっては当然のことであるため，質問すること自体が理解できないかもしれない。しかし，幼児の目には，世界の一つ一つの物事が，たいへん不思議で新しく映るのである。

　この「なぜ？」「どうして？」を連発する2歳から5, 6歳の時期は，「質問

期」と呼ばれている[1]。つまり，知的好奇心が最も旺盛な時期である。この時期，生活の一つ一つのことに興味をもち，自ら伸びようとしている。したがって，周囲の大人がタイミングよく上手に応じていくと，知的好奇心を活発に育てることができるのである。脳の発達の面からも，3，4歳で大人の脳の重さの80％，5，6歳で90％ができてしまうといわれており[2]，この時期の幼児は，新しい発見をスポンジのようにぐんぐん吸収していくのだ。もちろん，ここで重要なことは，"今，幼児の目の前にある不思議"に十分に向かい合って，満たしてあげるという点である。「なぜ？」に応え，遊びを援助していく目的は，小学生になって花を咲かせることではない。小学校の準備，という短い流れを見通したものとは違う。

　幼児期は，人生における，あらゆる「好奇心の芽」が凝縮されている時期なので，幼児期ならではの活動を楽しみたい。たとえば，漢字に興味を持った幼児がいたとする。そのようなときには，遊びの中で，文字を探したり，文字に対して自らかかわったりするような場を用意したい。保育者が，「漢字をたくさん覚えましょう」と，練習させたとたんに，幼児は興味を失ってしまうかもしれないのである。このような場面でこそ，保育者の力が大いに試されるのである。たくさんの「なぜ？」に出会い，幼児自身がその日を満足して過ごすことが大切である。幼児は，多くの時間を保育所，幼稚園，認定こども園で過ごす。保育者が遊びの中の知的好奇心に適切に応える姿が求められている。

2. 幼児理解からはじまる「遊びの発展」

　それでは，幼児理解から始まる「遊びの発展」とは，実際どのようなことなのだろうか。本節では，年長クラスにおける実践を取り上げ，考えていきたい。

(1) 保育実践サイクル

幼児理解
　＜幼児の実態＞
　保育所の5歳児クラスには，リーダー格3人，A児（女）B児（男）C児（女）がいる。4月中旬，すでに誕生日を迎えた3人は，身体も大きく，クラスでもとりわけ目立った存在である。3人はもともとは母親同士が仲良しであったため，一緒に入園し，仲良しグループであった。しかし最近は，一緒に遊ぶことが少なくなっている。ただ，お互いのしていることには興味を持ち，真似しあう姿もみられる。3人は現在，別の子と遊ぶことが多い。しかし相談しながら遊んでいるというよりは，A児，B児，C児が決めた遊びを，グループの仲間に指示しているような活動が続いていると思われる。

2. 幼児理解からはじまる「遊びの発展」

図 5-2　うまく折れたかな

保育計画

　3 人は，いつも周りの子を巻き込んで，自分のしたい遊びを展開している。しかし，3 人が困ったときに相談するのはいつも保育者であった。友達同士で悩んだり，意見を出し合ったりする活動の展開を期待したい。3 人が一緒に考えたり，協力し合える活動があると遊びが広がると考える。リーダー同士が知恵を絞りあい，気付きあうことで，遊びは豊かになるはずである。同時に，周りの園児にも影響があると考えられる。また，ほかの園児も 3 人に頼るばかりではなく，自分で考えて発見する喜びを感じてほしい。
　そこで，先日 A 児と C 児がやりたいといっていた「色水作り」を取り上げることにした。「色水作り」は，単純であるが，色の変化を楽しむためには，お互いの協力が必要であるからである。

実　践

　色水遊びは，10 個のコップに水を入れ，絵の具をたらし，色を混ぜて遊ぶというものである。保育者は，ベランダにコップと水，絵の具を用意し，並べていた。
　「色水作り」に興味のあった A 児と C 児が同じ場で遊びはじめるかもしれないと思っていたところ，やはり最初に A 児が保育者に駆け寄り，コップに水を入れ始めた。すると，すかさず C 児が「私も入れて！」と呼びかけ A 児が「いいよ！」と応答し，手伝い始めた。二人がすべてのコップに水を入れ，絵の具を選んだ。A 児が選んだ色は，紺色。絵の具を水に垂らし，棒でかき混ぜると，水はあっという間に濃い紺色に染まった。今度は，C 児が新しいコップに赤を選び，水が真っ赤に染まった。近くで見ていたほかの幼児も別の色で同じように試すが，みな，絵の具の分量が多すぎるため，濃い色に染まってしまう。A 児と C 児は，「おかしいな」「もっと，きれいな色にならないのかな」と会話をしている。
　保育者が近くに行くと，「うまくできない！」と漏らした。保育者が「どうしたいの？」と尋ねると，二人は他の子の色水の様子を見てから，A 児は「もっとカルピスみたいな色にしたい」，C 児は「ピンクの透明にしたい」と応えた。保育者は，「もう一度作っていいよ。お水，入れてきたら？」と話す。コップに水を入れた A 児。すると，A 児が「水を入れると，色が薄くなるよ！カルピスと同じだもん」と，叫ぶ。C 児も一緒に喜び，自分の赤い色水も薄めた。そこに表れた，B 児。二人の様子を見て，駆け寄った。
　「入れてみていい？」と，小さな三つ葉のクローバーを 3 枚ほど二人のコップに入れた。A 児が棒でコップをかき混ぜると，薄くなったブルーの水に，緑のクローバーが混ざった。すると C 児が「こっちも混ぜよう

か」と自分のコップに入っている，赤い水を注いだ。すると，赤と青で，コップの中は，薄い紫色に変色し始めた「うわぁー」と叫ぶ三人。この様子を周りで見ていた仲間の幼児。自分達の色水を薄めたり，混ぜたりしながら，会話が始まっていた。

省　察
　A児とC児は，お互いに「色水作り」に興味を持っていた。同じ遊びに興味を持っていたことで，素直に遊びに参加できたのではないだろうか。保育者に頼ることなく，遊びが展開されていったともいえるかもしれない。ただ，ほかの幼児を巻き込んでいく様子が，見られなかったため，援助が足りなかったと考えられる。A児の気付き，B児の新しい発想，C児の思い付きによって，3人で新しい発見（色が混ざると，別の色に変化する）を見つけたと仮定し，お互いの知的好奇心を刺激しあっていたのではないかと考える。ただ，3人の会話についていけなかった幼児もいた。一人一人の幼児にさらに目をむける必要がある。そのためには，保育者に話しかけてこない幼児に話をふるなど工夫の余地がある。

新たな幼児理解
　このあと，3人のグループは，「混ぜていくうちに，黒っぽくなる」という色（水）の性質にも気が付いた。幼児から質問が出たときには，新たな疑問を投げかける形で応答しながら，幼児が自分でていねいに説明できるチャンスを準備するようにした。そのことで，幼児が，身近なものや言葉を連想したとも考えられる。
　三者は，水の性質に気が付き，色の濃さを不思議がり，加える作業を試みた。三者の発達段階が似ており，探求したいことが近かったため，会話が続き，お互いに協力しながら，活動を続けている姿が印象的である。

保育計画
　3人は，対立するのではなく，互いの力や能力を認め合いながら，よきライバルとして伸びてほしい。そのためには，3人が共通に興味の持てそうな教材や動物や植物をさりげなく配置しておくことを考えたい。また，3人の遊びの中に，月齢の異なる園児が入ったとき，どのような説明や展開が必要か，さらなる援助を工夫したい。色水作りでは，水に対する不思議が見つかったのではないだろうか。そこで，今度は，もっと大きなバケツに，色を垂らしたり，その色を大きな紙に移すなど，協力して行える活動も取り入れてみたい。新しい発見や不思議を見付けられるとともに，お互いに協力し，その姿を別の幼児も目にできる機会を用意したい。

(2) 実践事例から
　幼児が興味を持っていた，色水作りの遊び場面を紹介した。年長になると，自分の気持ちや感情を表せるようになり，その分，けんかや言い合いも多くなる。そのような時期がきた幼児達（A児，B児，C児）が，協力して一つのことに取り組んだ。その結果，普段は得られないような，新しい発見ができた。この様子からは，遊びの発展に思考力の芽生えや知的好奇心だけでなく，人（友達）との

かかわりも大きく関与していることがわかるであろう。

　一つの遊びを展開する中で，幼児期には様々な体験をする。そして，その時々にふさわしい，態度や表現力を身に付けていく。それらの基礎となるものが，遊びを通して培われる，好奇心や思考力である。さらに，色水作りをする際，作ろうとする水のイメージを共有し，イメージした。一緒に作業をするために，コップを仲良く持ち，作りたい色を相談した。相手にわかってほしいと願い，相手の言葉を聞き，応答している。このような仲間との関係においても，好奇心や思考力は育っていく。

3．まとめ

　幼児期には，遊びの中で主体的に環境にかかわり，日々，成長している。その段階で，保育者は，「今，この幼児に」必要な，発達の課題を見つけることが大切である。もちろん，ここでいう発達の課題は，○歳には，何ができなければいけない，というマニュアルに即したものではない。現在の「幼児A」に必要な目標である。

　先の事例では，3人の課題は，仲間と協力し合って，課題に取り組むという姿勢だったと考えられる。活動を通して，互いの意見に耳を傾け，一緒に活動にかかわることができた。この「ともに考える，かかわる」という作業を通じて，「水」や「色」に対する興味や関心とともに，仲間に対する親しみの気持ちが育つのであれば何よりである。

　児童福祉法では，保育士資格が法定化され，その業務の重要性について述べられている[*1]。保育所保育指針の中でも，倫理観に裏付けられた専門的知識や技術に加えて，判断力を強く求めている[*2]。保育者の専門性について，大場は，幼児や保護者とのかかわりに関して「それ自体が安定して信頼できるものであることが重要[3]」とし，省察と研鑽の必要性や判断力について述べている。特に，その判断は，豊かでバランスのとれた感性によって支えられるものであると結論付けた。また，保育者が幼児を観察するときに注意したい点について，宇佐美は，「表現の芽」という言葉で，以下のように説明している。

　　「保育者が『表現』を考えるとき，第一に幼児が発する『表現の芽』を見過ごさずに受けとめ共感することがなによりも重要である[4]」

　ここでは，誰もが幼児期に持っている「芽」を見過ごさない保育者の姿勢が問われているのである。そして，形として見える歌遊びや造形だけでなく，日々の

*1　児童福祉法第18条の4を参照。

*2　保育所保育指針第1章1（1）エを参照。

活動の中の体験が生み出す小さな成長の瞬間をさしている。小さな成長の瞬間とは,「美しいものに感動して見入る姿」や「遊びを通して嫌いな食べ物にも挑戦できる態度」などである。それらは見えにくく,ささやかなことも多いので,なりたての保育者は毎日がたいへんであろう。保育者が,幼児の日ごろの小さな出来事に目を向け,育ちを支えなければいけない難しさが分かるかもしれない。

引用文献

1) 山口茂嘉「質問期」山本多喜司監修『発達心理学用語辞典』北大路書房,1991年,124頁
2) 時実利彦『脳の話』岩波書店,1962年
3) 大場幸夫監修『ここがかわった！新保育所保育指針改定のポイントと解説』チャイルド本社,2008年,16頁
4) 宇佐美明子「表現としての遊び」萩原元昭編『幼児の保育と教育』学文社,2002年,64頁

6章

協同する経験と保育者の援助

▶ ・幼児の発達過程と仲間関係の変化とは？
・遊びが充実することと保育者の省察のつながりを考える。
・協同する経験とは何か？

　「協同する経験」は，一般的には馴染みのない表現であるかもしれない。しかし保育・幼児教育の実践とその研究の場では，よく取り上げられる重要かつ解釈困難な概念でもある。

　そこで本章では，この概念を理解するために，その概要を押えながら，事例を考察し，協同する経験とはどのようなことであるか，幼児にとっての協同性を保障する保育者の援助について解説することにする。

1. 保育における協同する経験と学び

(1) 協同する経験とは

　幼児が仲間とかかわり合って遊ぶ中で，自己実現と他者受容が十分に経験される内に，安心して「自分」の思いや考えを表し始めるようになる。年齢が進むにつれ，幼児同士は「つながり」を一層強く求めるようになり，同じ目的を共有しようとする思いが芽生える。その目的を実現するために，それぞれのアイディアや方法を表現し，話し合い，互いに調整しつつ違いを認め，試行錯誤しながら協力し，「自分達」の活動として練り上げてゆくようになる。その過程で「つながり」や活動がさらに深まっていくという循環的な経験を「協同する経験」という。保育者の長期的な見通しと具体的な配慮が必要となる重要な経験である。

　幼稚園教育要領（2018年施行）において「幼児が互いに関わりを深め，協同して遊ぶようになるため，自ら行動する力を育てるようにするとともに，他の幼児と試行錯誤しながら活動を展開する楽しさや共通の目的が実現する喜びを味わうことができるようにすること[1]」とした。これまで協同的活動として取り組まれる内容については様々に議論が展開されてきているが，保育現場においては，

「協同的活動」を一斉活動と類似させて捉え，集団で同じ活動を行うことをよしとしてきた傾向もある。しかし，このように予め保育者によって時間や期間，目的が設定された一斉的活動はここで示す協同する経験ではない。発達過程において，幼児は遊びの中に「まとまり」を本能的に求め，仲間と繋がりあうために，おのずと秩序の必要に目覚める（秩序感）ようになる[2]。協同の活動を維持しようとする幼児にとっての必然性から醸し出される秩序や方法，活動，遊びそのものであり，徐々に練り上がってゆくプロセス自体を「協同する経験」であると捉えたい。

また「プロジェクト学習」を見聞きすることがあろう。「プロジェクト」とは，ある目的を果たすための「構想」や「計画全般」を示し，1人ではなく，集団で取り組み，その目的に至るための「一定の継続的な時間」が必要とされるプロセスを指す。＜テーマ・プロジェクトリーダーの設定＞→＜フェーズ（局面，段階）＞→＜成果（作品）＞→＜まとめ＞といった計画的な行程を示す。小学校教育以降の総合的な学習に活用されている[3]。同じテーマで同じ構想と方法をもって，一定の時間，一定の仲間が，同じ目標へと進む行程を，「協同性」の延長線上で解釈する向きもある。しかしながら幼児の主体的生活を尊重する保育においては，幼児にとっての「必然性」がまず尊重されなければならない。テーマやリーダーの設定において，共通目標の遂行をどのように実現してゆくか，幼児にとっての必然性に十分配慮して取り組むべきものであり，「プロジェクト学習」をそのまま幼児教育・保育に応用するには，まず十分な幼児理解が必要となる。

(2) 協同する経験を支える保育者の省察

幼児の協同する経験を根底的に支えるのは，幼児の現実の姿をどのようにとらえ，保育をどのように省察するのかが原点となる。幼児の現実の姿から，彼らがどのようなつながりを欲し，何を共有・共感しようとしているのかを理解したうえで，保育を組み立てていかねばならない。

しかし，日々の保育を振り返っても，なかなか具体的な方法が見えてこないこともある。その場合も分からなさを保持しながら，幼児の生活にかかわり，その中で模索し続けることが求められる[4]。

幼児理解からはじまる協同する経験を保障するためには，幼児と直接かかわる中で願いや思いを知り，彼らの必然性にどう応じられたかの省察が重要な意味をもっている。幼児の現状から，何をどうしてやるのが良いのか，迷い，悩むこともある。幼児理解とは循環的で未結なものである。日々の省察では分かりえないものも，その分からなさを持ち続けながら，探ってゆくが，それは必ずしも「正解」を探すことを意味しない。各々の過程で保育者が理解し判断したこと，納得

できたことも，常に幼児理解一過程にあり，また次のかかわりには新たな省察が必要であるという絶え間なく終わりのないプロセスなのである。協同する経験を保障する過程は，保育者の省察とともに，練り上がり，生成してゆくプロセスそのものである。そのプロセスを事例を追いながら，考えてみよう。

2. 省察に基づく協同する経験

(1) 遊びの行き詰まりを省察する

5歳児は，サッカーや簡単な鬼ごっこを好み，毎日仲間を集めて行っている。凍り鬼・高鬼・色鬼など1学期の間は，ほぼこの3種類を繰り返していた。

5歳児クラスを担当する保育者は，新たな遊びを提案することに対して，「保

● 事例：好きな遊び「鬼ごっこ」の協同的な充実に向けて

実践1：9月初旬

いつも自分達で遊び始め，方法を変えながら鬼ごっこをしていた年長児だったが，この日初めて，S男が「ねえ，先生も入ってよー」と不満げな口調で保育者に伝えてきた。

S男はリーダー的な存在であり，周りの幼児からも好かれている。他の遊びに加わっていた保育者は，珍しいことだと思い，S男に尋ねる。「どうしたの？」。S男は「いいから，先生も入って！」という。保育者はS男の，言葉にできない何か切羽詰まったような気持ちを感じ，鬼ごっこに加わることにした。呼ばれるままS男の後についてゆくと，「高鬼」がいつの間にか終わってしまったような状態になっていた。

「おーい，先生も入るってー」とS男が園庭の中央に立ち大声で叫ぶ。すると「おれもやる！」「わたしも！」といいつつ，12名位の幼児達が再び集まってくる。高鬼が再開する。しばらくして，「何で，俺ばっかり，ねらうんだよ」，「タッチしたのに！何で逃げるんだよ」。「タッチされてないよ」「そこ（服の裾）にタッチしたよ」「されてないってば」。

保育者が鬼ごっこに参入して初めて，遊びの中に小さな揉め事が連続して起こっていたことに気付く。

省察

これまで，鬼ごっこは，ほとんどの場合，幼児達で遊びを進めており，保育者はそのことに安心し，他の幼児の遊びにかかわりつつ，見守っていることが多かった。

S男が初めて「鬼ごっこに入ってほしい」と伝えて来たのは，珍しいことだ。何かあるなと感じつつ，鬼ごっこに参入するが始めの内は何も見出せないでいた。高鬼が進んでいくうちに，いざこざが頻繁に起こり，保育者も幼児達もその都度立ち止まり，いざこざの解決に時間を要している。幼児達の間の主従関係，力関係が問題ではなさそうである。どうもすっきりしないもどかしさを感じる。このことの意味するものは何なのか。

計画（明日の保育へ）
　こんなに頻繁にいざこざがあると，幼児達も大変で，その度に中断すると気持ちの上でも疲れるだろう，面倒な気持ちももつだろう，そのことを分かってもらいたくて保育者を呼んだのだろうと推測する。「遊んでいる」から安心ではない。なぜ頻繁にいざこざが起きるのか，見守る以前に彼らの遊びの中に入って理解しよう。また，彼らの知らない他の方法の鬼ごっこを提示するといざこざもなくなるのではないか。

実践2：11月
　この日も高鬼を始める。保育者も一緒になって楽しみつつ，ベンチや平均台を出してみたり，バケツをひっくり返して，園庭遊具などの高い場所に逃げるだけではなく，高い場所を作ることをそれとなく提案して見せる。平均台などは，鬼が10を数える前に落ちてしまう子もいたり，バケツをひっくり返した狭いスペースの上に立ち続けることが難しい子もいて，逆にそのことを彼らは楽しんだ。
　しかしながら，しばらくすると「入ってたのに，勝手に抜けた」といって，鬼ごっこをやめた子を責めたり，「勝手に入ってくるなよ」と途中参加の子に不満をいったりで，いざこざが連続して生じる。

省　察
　幼児達の鬼ごっこに参入してみて，どうしてこのようにいざこざが起こるのか，仲間関係の育ちを支えることの難しさを感じる。一定の子の自己主張が強いことなどの力関係が問題ではないようだ。一方で目先を変えて取り組めるように，保育者も参加者の一人として，アイディアを出すが，幼児の遊びを保育者が引っ張ることになるのではないかとも考え迷う。しかし，遊びの内容自体に幼児達が「物足りなさ」を感じているように保育者は直感する。仲間関係の問題として集約させて考えるだけではなく，彼らの興味の延長線上にある少し複雑なルールやゲーム性のあるものを提案してみるのはどうだろうか。

図6-1　何で勝手に入ってるの

育者が幼児の遊びのリーダーになりはしないか」というためらいを感じつつ，どうしたら幼児の遊びが充実するのかを悩んだ。その悩みを抱え続けながら，幼児の遊びにかかわる中で，小さな手応えを頼りに方法を探ってゆくことが必要になった。また近年においては，このように「5歳児の遊びの停滞」が危惧されて

おり，地域での子ども文化伝承が喪失しつつある中で，園の最年長5歳児が「少し難しい遊びや新しい刺激を取り入れる」機会がなく，自分のし慣れた遊びに固執しているケースもみられる。特にこのようなゲーム性のある遊びは，新たな方法の取り入れが難しく，幼児達が「知っている」方法を繰り返す傾向がある。保育行為（保育者の行為）そのものへの省察が新たに問われるところである。遊びの楽しさが幼児の関係性を支えていくことも考慮していかねばならない。

保育者は「幼児達が物足りなさを感じているのではないか」と省察している。逃げる幼児が，分散したまま，鬼の場所も自分達の遊びの場もメンバーも定まらない鬼ごっこの方法を省みて，年長児の遊びとしては，幼すぎるとも考えていた。遊びの内容と方法を捉え直し，次の日の準備と計画に入る。

計画（明日の保育へ）
『カンけり・幼稚園保育向けに変更』
目的：願い
・幼児達がもつ力を遊びそのものに。
・自らが話し合ったり，工夫してゆく力に転換できるように。
・これまでの鬼ごっこと比べて少し複雑な方法やルールを理解する。
方　法
・「カンけり」の方法・ルールを提示する
・空き缶を蹴ることは3歳児，4歳児も同じ時に同じ園庭を共有しているので，安全面などを考慮し，三角コーンを手で倒すことにする。
・方法やルールを理解するまで，繰り返し説明を加え，保育者が初めのうちは鬼となる。

実践3：①

次の日，幼児達はいつもの鬼ごっこをし始める。そしていつものようにいざこざが起こる。その時を見計らい「カンけりの仕方」を提案してみる。缶の代わりに三角コーンを使い，手で倒すことに変えて説明する。「カンけり」をしたことがあるという子が1名いた。ただしここでは，この三角コーンを蹴るのではなくて，ラグビーのように手で倒すことを強調する。倒すことができたら，捕まって鬼の基地にいた人もまた逃げられるのだということを説明する。

幼児達は興味津々で，「やろ，やろー」と早く始めたくてたまらない様子である。

「先生，その鬼ごっこ，なんていう名前？」。保育者は新しい名前までは考えてなかった。保育者は「そっかー，名前かー」と少々困惑する。するとC雄が「ロケット倒し鬼ごっこ」。集まっていた幼児達が「ロケット倒しー？」。「まあ，いいか」，「なかなかいいじゃない」という子もいて，それが名前になる。

その後は，男児も女児も混じり，多い時は22名が加わる。方法やルールに戸惑う子もいたが，保育者も方法やルールが幼児達に浸透するまでかかわり，繰り返し説明しながらともに遊ぶ。その後は方法やルールの説明を幼児達が次々伝えていくようになる。

実践3：②

「ロケット倒し鬼ごっこ」が略され，「ロケット鬼」と幼児達が表現するようになる。

この日も幼児達は，自分達で三角コーンを出し，鬼の基地の円をコーンの周りに白線で引きはじめる。この日，始めた後に「これは鬼が一人じゃ，大変！」と鬼になった子が言い始める。鬼の基地に参加している幼児達が集まり話し合いの場となる。結局，鬼は二人，一人が基地の外に隠れている子を見つけたり，タッチするために走り，もう一人が倒されないようにロケットと基地を守る，ということになり，集まった幼児達が全員了解し再開する。その後，鬼二人で追いかけてみたり，二人ともが残ってみたりと，多少のぎこちなさがあったが，回を重ねるたびにそれぞれの役割（追いかける役，ロケットを守る役）を理解しつつ，途中で交代したり，鬼二人が作戦を考えて伝え合ったりしながら方法を変えてゆく。遊びを自分達が楽しめるように，色々変化させてゆく楽しさを味わっているようだ。

実践3：③ 数日後

準備から，段取りから，鬼決めから，保育者の出番はほとんどない。この2週間ほど，毎日のように続けているこの遊びを，保育者は安心して見守っている。これまでは後から「いれて！」といって参入する子は逃げる側に入ることが当たり前になっていたが，ここ数日，誰が仲間に入ったのかが鬼にも，逃げる側にも分からないことで，時々不満が出ていた。今日の遊びを見ていると，後からこの遊びに入る子は，「鬼の基地から（捕まっているものとして）」遊びを始めることになっていた。それでも後から入ってきた子が逃げる側に入ろうとすることもあり，そのときは鬼の子が引き止めて，「鬼の陣地から！」と咎めていた。咎められた子は，最初は腑に落ちない表情をしているが，既に捕まっている子の様子を見ながら，徐々に納得し，自分が脱出するために，鬼の気を逸らせるような対応を試みたり，逃げている他の子に，鬼に見つからないように合図を送り始めた。

幼児達があまりにも楽しそうに取り組んでいて，その変化も著しい。新たなこの遊びの楽しさを保育者も味わいたいと思い，参入することにした。

その日3度目のロケット鬼に参入する。保育者がじゃんけんに負けて鬼になる。もう一人の鬼D男とともに10まで数えようとする。するとA男が「ちょっとー，ちょっとまって」という。他12名位で作戦を立てている。保育者が近寄り，聞き耳を立てると「もう，あっちいってて」と本気で怒っている。何か深刻そうで，興奮しているようにも見える。開始までかなりの時間を要する。

再開する。すぐに2〜3名の子が捕まって基地に入ってくる。その子達が，「先生，ほら，あっち，こっち」と騙そうとして色々な所を指す。保育者はここでは真剣さが必要と感じ，後半は見向きもしないようにした。するとB男が保育者の真正面から走って直進してくる。保育者は「Bくん，みつけた」と叫びつつ，振り返ってロケットをタッチしようとしたその時に，A男が，保育者の背面からやってきてロケットを倒す。A男，B男もガッツポーズをしながら，大急ぎで走って逃げてゆく。

省察

日を重ねるたびに，この遊びの方法やルールが変化している。この日，保育者が新たに気付いた点「後から入る子は鬼の基地から脱出することから始める」というやり方は，ここのところ不満が出ていたことに対し

て，幼児達でいつの間にか話し合われ了解されていた。保育者の思いからすると，「捕まったところからはじめる」というルールはそれこそ新参者には酷なのではないかと思えたが，新参者の幼児に古参者の幼児が「今さー，あそこに…」と誰に合図を送っているのかを伝えたり，新参者の子が今どういう状態でどのようになっているのかをじっと見ながら状況を理解する場になっていることが分かり，納得した。そして保育者も参入し，それぞれの作戦を遂行するための幼児達のわくわくした気持ちを感じる。

　保育者をどうにかして負かしてやろう，保育者を「参った」といわせてやろうといった意気込みを話し合い（作戦会議）の中で感じる。彼らの真剣なまなざしに，「故意に負けてやる」「騙された振りをする」などの保育者の生半可な対応は許されない雰囲気も受け止める。話し合い，彼らなりの作戦を立て，身近な大人にトリックをかける。その大人が本気で欺かれて，悔しがっている姿に参加している幼児達が大きな喜びを味わっていたように思う。保育者は5歳児の担任が遊びの仲間として対等に，そして幼児達が「大人の本気に触れること」も重要な体験であることを実感する。

図6-2　仲間と作戦会議

　この事例をどのように理解したであろうか。鬼ごっこの新たな方法を提案したのは保育者であるが，ここに至るまで，試行錯誤を繰り返しつつ，幼児の「物足りなさ」に応じようとしている。事例：実践3-②の時以後，幼児が自分達でルールを確認し，方法を改めながら取り組み始めていることが分かるだろう。数日続いた遊びに対して保育者の出番はなかったようだ。鬼が一人であることが「大変だ」という思いが，鬼にならない幼児にも共感され，「二人鬼」ですることが了解される。そして鬼は一人が捕まえる役と基地を守る役，多勢の逃げる側は捕まっても守る鬼を騙し抜き，脱出方法を考えながら，まだ捕まっていない子に発信する。鬼の間にも，逃げる側にも多言無言の情報（アイディアや他児への要望など）が飛び交わされ，それぞれの目的に支えられながら，遊びが進行している。

　事例：実践3-③では，新参者がどのように加わるのがよいのか，幼児が納得するすべはいかなる方法であったか。保育者は「捕まったところから始まる」方法は幼児にとっては「酷なこと」ではないかと心配するが，保育者の思いを超えて，その厳しさもまた5歳児にとっては互いの結びつきや，遊びを維持するための秩序として大きな意味をもっていることに気付く。また毎日のように取り組む

中で，幼児自身が工夫を加え変化させ，ある程度完成しつつある遊びに，保育者が意図して参入することにも意味がある。この時点で保育者は幼児との共同生活者として，彼らの協同する経験と喜びを強める働きをもつのである。

(2) 協同する経験と保育者の援助

協同する経験は，幼児理解と同様に，「常にプロセスの中にある」ことを大切に考えたい。「皆で遊べているから良し」，「子ども達が自分達でしているから良し」としてきた保育者は，この遊びに対する省察の甘さを実感している。そこで幼児の遊びの中で保育者は再度思い直し，「物足りなさ」，「つまらなさ」，「遊び自体の幼さ（単純さ）」を捉え，それに応じる方法を模索した。そして仲間関係の葛藤を超越してゆくだけの「自分達」の楽しさを追求できる方法を提案した。

幼児の「みんなとつながろう（繫合希求）[5]」とする思いが基盤となって，「一緒にいる」ことから「互いを生かしあいながら一緒に取り組むこと＝協同する経験」に転換する幼児期後半は，互いを生かすための自己実現と他者受容のバランスを再構築し，一緒に取り組むために共有できる新たな方法と秩序の必要性に芽生える。幼児は，このような根本的な願いを意識化したり，言語化することは難しい。保育者がこれらをどう捉えるか問われている。保育者はその日の幼児の姿を省察し，試行錯誤しながら，具体的な援助を紡ぎ出していかねばならない。

しかし保育者一人では理解しえないこともあり，一人の保育者の力量を超えることも多い。重要なことは，保育者同士でその難しさ・分からなさを共感し合い，保育の実践をともに見つめ共有し，ともに考える，つまり保育者の協同性が幼児の生活をより深く，充実したものへと押し上げてゆくことになる。「私」の保育を，「私達」の保育として捉える時，幼児の協同する経験が豊かに展開される。

引用文献

1) 文部科学省『幼児園教育要領』〔第2章 ねらい及び内容 人間関係 3内容の取扱い（3）〕，2017年
2) 「秩序・秩序感」は，フレーベル，ボルノー，エリクソンらの思索をぜひ参考にしていただきたい。特に本章では，エリクソン，E.H.『幼児期と社会1.2』みすず書房，1977年を下敷きに考察している。
3) 鈴木敏恵「愛で未来教育」文部時報：プロジェクト学習＆ポートフォリオ評価，1999年
4) 津守 真『保育者の地平』ミネルヴァ書房，1997年，また，津守 真『幼児の世界をどうみるか―行為とその意味』NHKブックス，1987年も参考にされたい。
5) 鯨岡 峻『関係発達論の構築 ‐ 起案主観的アプローチによる ‐』ミネルヴァ書房，1999年

7章 幼児同士のトラブルと保育者の援助

▶ ・幼児のトラブルを理解する保育者のまなざしとは？
・トラブルにどう対処するか？
・日本と海外との相違点は？

1. 幼児のトラブルを読み解く保育者のまなざし

(1) トラブルの原因はどこにあるのか

　幼児同士のトラブルをどのように読み解き，解決に向けて働きかけるかということは，保育者が日常的に直面する問題である。それは，保育者に対して，トラブルに対応する方法だけでなく，トラブルの構造（理由や人間関係）を読み解くまなざしを発展させるという課題を突きつけている。たとえば，以下のエピソードは，現代社会において保育を行う際の，保育者のまなざしの重要性を示しているといえる[1]。

エピソード

　5歳児のかいくんはある日の朝，同じクラスのようくんが家から持ってきた自作のバッチを引きちぎり「こんなの持ってくるな！」とすごい剣幕です。なおも罵倒し続けるかいくんを大泣きのようくんから何とか引き離し，事務室で静かに話を聞きます。

保育者（原文では「私」）：「ようくんは，ずっと熱でお休みしていたから，おうちで作ってきたバッチなんだって」
かい　：「いかんのだわ，保育園におもちゃは持ってきていかんのだわ」
保育者：「自分で作ったものでもダメなのかな？」
かい　：「ぼくなんて，そんなの作ったら（おうちで）いかんといわれるんだ」
かい　：「ようくんはダメだ，こうきくんやつばさちゃんやみーちゃんはいいけど」
保育者：「ようくんはだめなのか。こうきくんやつばさちゃんやみーちゃんって…」
この名前を聞いてピンときました。
保育者：「かいくん，ひょっとしてようくんは早い迎えだから？」
かい　：「そうだ，こうきくんたちはいつも夕ご飯までいてがんばっているんだ。だけどようくんはいつだって早い迎えの子だから許せんのじゃ！」

友達のバッチを引きちぎるというトラブルに対し，かいくんの行動そのものだけを見ていたのでは，トラブルを起こした本人の納得する指導を展開することはできない。かいくんの場合，このトラブルの背景には，家族が遅くまで働かざるを得ない環境があり，そのなかで，さみしさややり場のない苛立ちを感じているという状況が見て取れる。

このやりとりに示されているように，トラブルは，単に幼児同士の間で生じているのではない。遊んでいるものを取った，叩いた，悪口をいった…様々なトラブルには，こうした家族背景，さらには社会経済的，文化的な背景が複雑に絡み合っている場合が多い。格差社会，子どもの貧困率の増大といった現象が顕著になった現在において，このように幼児のトラブルを読み解く視点は，保育者にとってとりわけ重要になってきている[2,3]*1。

(2) 幼児理解のまなざしを転換する － 異質との交わりの欠如 －

前述のように，保育者が幼児を理解するまなざしを社会へと広げていくとき，社会経済的背景に加えてもうひとつ，幼児のトラブルの現代的特徴を読み解くための視点として，"他者"感覚の不在という問題があげられる。

「生理的早産*2」といわれる状態で産まれる人間は，自分とは異なる存在＝他者を取り込みながら成長していく。すなわち，母親や家族に守られるという段階に始まり，近所の子どもという対等な存在と遊ぶようになり，そして，弟や妹，年下の子ども達という自分より後からこの世に登場した存在と交わる場面を経験する。こうしたライフサイクルを通して，人は自らの存在を確認し，社会を形成していく[4]。しかし，現代社会においては，こうしたライフサイクルを経験することがきわめて難しくなってきている。少子化といわれる状況では，年齢差の開いた弟妹に恵まれることもなく，また幅広い異年齢集団が地域に形成されることも少ない。子ども達は，"他者"を自らの成長プロセスの中で取り込むことなく，ある年齢に至ると園という同年齢集団に放り込まれることになる。当然ながら，こうした子ども達は，集団生活の中で他者とのコミュニケーション不全＝トラブルを多く抱えることになる。

このように見ると，保育の中で生じる幼児同士のトラブルは，一般的に理解されているように「他者との間に起きている」というよりは，「"他者"という感覚の欠如・不在のために起きている」と捉えるまなざしが，現在においてとりわけ必要となる。保育者がトラブルを起こした幼児に対して，「そんなことをしたら○○ちゃんはイヤな気持ちになるでしょ」といった，相手に共感や反省を求めるようなかかわり方がうまくいかなくなってきているという保育現場の報告は，まさにそれを示している[6]。したがって，保育の中で幼児達にどのように他者の異

---

*1 戦後日本は非常に貧しい状態からの出発であり，日本政府も貧困世帯を調査し続けていたが，1965年を最後に打ち切っている（『厚生行政基礎調査』）。これは，生きていくために必要な衣食住が満たされているかどうかという「絶対的貧困」という考え方に基づいたものである。

しかし，現在，OECD（経済協力開発機構）が定義する「相対的貧困」という考え方が主流であり，その社会において当たり前の生活レベル（文化的な生活を営むことや高いレベルの教育を受けることなど）が保障されているか否かが貧困の基準となっている。

こうした観点から見ると，貧困とは無縁に見える日本社会も，先進国の中では極めて危機的状況にある。日本の子ども（17歳以下）の貧困率は13.9％（2015年）であり，7人に1人の子どもが経済的に厳しい環境におかれている現状がある[5]。

*2 ヒトの赤ちゃんは，他の高等ほ乳類（チンパンジーやゾウなど）に比べ，運動機能などが未熟な状態で生まれてくること。ポルトマンの提唱した説だが，最近の研究では，赤ちゃんの有能性が実証されてきている。

質性を経験させるかが鍵となる。

　このように，現代における幼児のトラブルを理解する基礎的素養として，保育者には，少子化，地域の変容，子ども文化の変容といった社会構造の変化とリンクさせながら，教科書的な発達段階というものさしだけでは理解できない幼児の姿を見て取る姿勢が求められる。すなわち，〇歳にはこういう能力が形成される，△歳までにはこういうアイデンティティーが形成されるといったように，これまで当然に思われてきた発達段階でその子を見るだけでなく，その子が抱えている生活の現実から幼児理解を行う必要がある。そうすることで，頻繁にトラブルを起こす幼児を「困った子」と見るだけではなく，その子自身も「困っている」という見方へとまなざしを転換することが可能となるのである[7]。

2. 幼児同士のトラブルに対する保育者の援助

(1) 日本の事例

　では，保育者はどのように幼児同士のトラブルに対応しているのか？ここでは，まず，日本の幼児に多くみられるトラブルの典型的な例を取り上げ，保育者の援助によって幼児達がどのように成長していくのか，幼児理解→保育計画→実践→省察という保育実践サイクルに基づいて考えていきたい。

[1] 事例1「おもちゃの取り合い」（3歳児：10月）

幼児理解
　T児（男）はマイペースな一人遊びが多く，友達への関心が薄い。T児の両親は共働きのため，母親が帰宅後も家事に追われ，子どもと一緒に遊ぶ時間をとることができない。そうしたことから，T児は一人遊びが中心となり，独りよがりな振る舞いが生じていると保育者は見ていた。
　S児（男）は，T児と同様母親が働きに出ているが，祖父母達に面倒を見てもらっている。また，3人兄弟の真ん中である。こうしたことが影響し，友達の存在には積極的に関心を示し，言葉で人とかかわることができている。

保育計画
　T児がままごとや砂遊びなどで，より多くの友達とかかわれるような環境構成をしたり，使う遊具や道具，モノの数を調節したりする。幼児達が互いにそれを交代で貸し借りしたり，順番を待ったりすることで友達とのかかわりを広げ，みんなで遊ぶことの楽しさに気付かせる。T児などの言葉の発達が未熟な幼児に対しては，友達と言葉でかかわることの楽しさを味わえるよう，そこの子の思いや考えを相手の子に伝えるなどの援助を行う。

7章　幼児同士のトラブルと保育者の援助

実　践
　T児（男）はアンパンマン人形を片手にもち，アンパンマンになりきって歌いながら保育室を歩いていたが，ままごとコーナーに興味が移り，アンパンマン人形を床に放って，フライパンで遊びだした。
　S児（男）が床においてあるアンパンマン人形を拾って走り出す。
　T児はアンパンマン人形を置いた場所に人形がないことに気付き，Sが持っていることを発見して，「S君がとったあ」と泣いてS君をおいかけ，力づくで奪い返す。
　S児：「とったら，あかん」といいながら，T児の腕を引っ張る。
　T児：「僕のおー」といって，S児の腕にかみついた。
　S児：「いたーい」と大声で泣き叫ぶ。

　まずトラブルのきっかけとなったことを当事者の幼児達に思い起こさせ，ゆっくりと話を聞きとることから始めた。S児はT児にアンパンマン人形が床に置いてあったから使ったことを話しはじめた。T児に対しては，保育者がS児の気持ちを伝え，噛みついた行為について「ごめんなさい」がいえるように導いた。S児には，T児の遊んでいた行為をわかりやすく話し，気持ちを落ち着かせる。

省　察
　噛んだことをT児が素直に認め「ごめんなさい」といえたことを評価しながらも，長期的な展望として，T児が友達とかかわる力を育んでいく必要があると考えた。しかし，S児の言語表現力に依存した対処をしていると振り返り，S児のような「話せる子」にある種の我慢をさせるような支援のあり方に限界を感じた。そこで，T児の思いに寄り添いながら，他の幼児とのトラブルになる前に，T児の思いを保育者が伝える必要性，さらにはT児が自らきちんと思いを言葉で伝えられるように援助する必要性を感じた。

新たな幼児理解
　トラブルが起きるということは，T児が友達との関係性に関心を持っている証であるととらえ直し，今回のトラブルを関係性づくりの良い契機として位置付けていくという方向性を考えた。T男のような言語発達が未熟な幼児は，押したおす，引っ掻くなど乱暴な行動が先行してしまうので，友達と言葉でかかわることの楽しさを味わえるよう，積極的にT児と友達の間を取り持ち，言葉による表現の援助をしようと考えた。

　　　　　このようなモノの所有をめぐるトラブル場面は，3歳児の幼児達によく見受けられる。保育者は，その幼児の言葉の発達や日常での友達とのかかわりなどの状況をもとに，援助の方法を決定することが大切である。特に，言語表現が未熟なこの頃の幼児には，保育者が気持ちを丁寧に聞き取りながら，幼児に代わって言葉による表現の援助が特に必要である。この事例では，言語表現力の高いS児を軸に，T児が積極的に友達とかかわるための支援が行われている。

2. 幼児同士のトラブルに対する保育者の援助

② 事例2「ドッチボールでのトラブル」（5歳児）

幼児理解

O児は，身体を動かすことが得意な活発な幼児である。遊びの場面で勝ち負けにこだわる部分があるが，他方で，トラブル場面において，自分から解決策を提案できる段階まで成長しているのではないかと保育者は判断していた。K児も身体を動かすことが好きで，勝ちにこだわる性格である。M児は，口数が少ない控えめなタイプの幼児だが，ボールを投げたり，捕ったりするのが上手である。

保育計画

集団で遊ぶ場面において，自分達でルールを作り，守り，修正することができると考え，ドッチボールやサッカーなどの集団で行う遊びを提案しようと考えた。ルールをめぐってトラブルが生じた場合は，他の意見に耳を傾け，自治的に解決策を探ることができると想定して，保育者はなるべく幼児達の様子を見守っていこうと考えた。

実践（トラブルの場面）

ドッチボールの勝敗がきまった時点。
O児：「勝った，勝った，勝った！」
K児：「ずるいよ。O君のチームに強い子ばかりいるんだから。今度はM君，僕達のチームになって」
O児：「だめだ，M君は僕のチームなんだから」と勝ちたい気持ちの強いO児はM児を強引に自分のチームに入れるようにしていた。
K児：「いつも，M君がO君のチームに入るから，勝つんだ」
K児のチームの幼児らが一斉に「そうだ，ずるいよ。M君，こっちにきてよ」
M児：「うん，いいよ」
O児：「いくな！ M君」と必死の形相で押しとどめる。
M児：「じゃあ，僕はどっちのチームになればいいの？」と困惑した様子。
O児のチームの幼児：「そうだよ，困るね」「M君が決めればいいんじゃない」「そうだ，そうだ」
K児：「いいことがある，もう一回，チームを分けたらいい」
幼児達が，「今度は背の順」「じゃんけん」と意見を出し始めた。
O児：「わかった，じゃあ，僕とM君がじゃんけんするよ」
保育者：「さすが，O君」
ゲームは再開された。

勝敗にこだわるO児が解決策を提案したことに対しては，「さすが，O君」と評価したことで，O児に笑顔がみられた。

省察

　保育者が声をかけて主導的に幼児達の力関係を分散させたチームづくりをすることは簡単であったが、この場面では、保育者は、日頃の幼児の姿から、当事者の幼児達はある程度の解決策を自分達で探ることができると判断した。この「見守る」という支援によって、O児だけでなく、K児とM児も、互いに信頼を感じ、今後も自分の気持ちを調整して、みんなで遊ぶ社会性を育んで行くだろうと考えた。さらに、M児については、友達の思いを大事にするあまり、自分の思いを押し殺すのではなく、自分から思いを友達に伝えられるようになってくれたらと感じた。

新たな幼児理解

　これまでは、自分の勝ち負けにこだわる傾向が強かったO児とK児が、集団の中で控えめな立場のM児の気持ちを察するとともに、集団全体の運動能力のバランスを見ながら、みんなで楽しく遊ぼうとする意識を持ち始めたと判断した。他方で、こうした意識は、「できる／できない」などにもとづいた人間関係の固定化へとつながる要因でもあるので、注意してみていく必要性を感じた。また、M児が友達の思いを汲みすぎて、なかなか自分の思いを伝えられないでいることへの認識を深めた。

(2) 海外での実践事例 － オーストラリアの場合 －

　海外の幼児教育の現場では、幼児同士のトラブルに対してどのような対応がなされているのだろうか。海外の教育を一般化して説明することは不可能であるため、あくまで一例にすぎないが、ここではオーストラリアのクイーンズランド州における幼児教育を取り上げてみたい。オーストラリアは、多くの民族・人種からなる多文化社会であり、また貧富の格差も大きい国である。そのため、こうした社会経済的、文化的要因が教育・保育の活動に非常に大きい影響を与えているが、「公正」という観点から非常に質の高い保育を実践している。

　オーストラリアにおける幼児教育は、日本と同様、大きくは社会福祉所管の保育所と教育所管の幼稚園のような機関とに分かれるが、その運営主体（州政府、地域コミュニティ、企業、カトリック系私立学校など）、対象（先住民族の幼児だけを対象にした教育機関など）、形態（病弱児のための在宅保育、内陸地や離島など遠隔地への通信保育）、そして名称において、非常に多様である。ここでは、「準備学校（Preparatory School）」と呼ばれる、クイーンズランド州における幼児教育のある取り組みを紹介する*。

　クイーンズランド州、ブリズベン市にあるビュランダ準備学校は、地域にあるアフリカ難民保護施設からも幼児を受け入れ、また社会経済的にも厳しい背景を持つ幼児を多く抱えながらも、特色のある教育プログラムで全国的に注目されている学校である。

　ビュランダ準備学校では、教育課程の中心的コンセプトとして「哲学（philoso-

＊　クイーンズランド州では、「幼稚園（Kindergarten）」という名称の幼児教育機関はない。準備学校は、州立小学校に併設されている幼児教育機関である。シドニーが存在するニューサウス・ウェールズ州では、州立学校の3歳児のみを「幼稚園（Kindergarten）」と呼び、4～5歳児の段階を「就学前学校（Preschool）」と呼んでいる。

phy)」という概念を位置付けている。これは，いわゆる哲学思想を教えるといったものではなく，幼児達の探求活動を中心にして教育活動を構成しようという意図を込めてこのような名称を使用している。それは，他者の価値観や意見を尊重し，他者とともに創造的にコミュニケーションを遂行するスキルを日々の活動の中で形成しようとするものである。本章で扱っている幼児同士のトラブルに直接関連する取り組みとしては，以下のような活動が行われている[8]。

活動のテーマ：「分け合うこと」(5歳児クラス)

1. 絵本『ハーバートとハリー』(Pamela Allen 作・絵，Puffin Books) の読み聞かせ。

    (本の内容) ハーバートとハリーは，一緒に住み，一緒に畑を耕し，一緒に釣りに出かけるという，何をするにでもいつも一緒の仲良し兄弟であった。しかし宝箱を見つけたことをきっかけに争うことになる。結局は，ハーバートが宝を手にするが，独り占めしたいあまりの滑稽な様子に笑いを誘う作品である。

2. この絵本を読んだ後，二つの活動が行われる。

    ① 保育者から，本のストーリーに関連するいくつかの問いを投げかけ，幼児の意見を引き出す。
    ・ハーバートは，宝物を半分ずつにすべきだったのかな？
    ・もしあなたが何か自分で持っていたら，誰かと分け合う？
    ・絶対誰かに分け与えたくないものがありますか？
    ・自分のものでないものを分け合うことはできますか？
    ・どんなとき，分け合おうと思いますか？

    ② イメージをふくらませる活動
    図7-1と図7-2のように，幼児が「分け合う」ことについて絵で表現してみる。

図7-1 同じものを持っていることを分け合うことの意味だと理解している幼児の表現

図7-2 同じ数ずつ持っていることが分け合うことだという幼児の表現

7章　幼児同士のトラブルと保育者の援助

図7-3　ビュランダ準備学校の環境構成例

　こうした活動の際，ビュランダ校では4つのポイントを指導の留意事項としている。
　① お互いによく聴き合うこと。
　② 誰かが言ったこと，考えたことに関連付けて幼児に考えさせること。
　③ 全ての幼児の考えが尊重されること。
　④ 一つの正答があるのではないということ。

　この取り組みは，幼児同士のトラブルに対する即時的な対応という性格のものではなく，幼児同士がトラブルを回避したり，あるいは適切に処理したりするコミュニケーション・スキル＝リテラシーを形成している点に特徴がある。リン・ヒントン校長によれば，同校の幼児達は，貧富の格差や多様な民族的背景を持ちながらも，遊びの中でトラブルになることが非常に少ないと筆者に語っていた。その理由は，幼児達がよく人の話に耳を傾け，他の子の立場からものごとを考える習慣がついているからであるという。どんなに幼い幼児でも，意見を聞き受け止められ，価値付けられるという経験が，他者に対する共感力やコミュニケーション力を育み，人間関係を豊かにしていくということが，ここに示されているといえる。

3. まとめ

(1) 幼児同士のトラブルに対応する保育者の専門的知識とスキル

　本章では，幼児同士のトラブルに対する保育者の援助について，日本とオーストラリアの事例を紹介した。最後に，保育実践サイクルという観点から，両者を比較検討してみたい。
　第一に，幼児理解に関しては，日本ではトラブルを起こした当事者がどの程度まで発達しているのか，その段階から幼児を理解しようとする傾向がある。もち

ろん，特に保育所では，家庭の生活状況と結びつけて，幼児の発達状況を理解することが不可欠である。それに対し，オーストラリアでは，家族背景の理解をさらに社会的視野へと広げ，幼児達や園を取り囲むコミュニティの社会経済的状況や多文化状況を理解しようという傾向がある。

　第二に，保育のデザインに関しては，日本の保育者は，発達段階と実際の幼児同士の日常的な関係性（事例1で登場するT児とS児，事例2のO児，K児，M児の関係性）に基づいて，幼児同士のかかわらせ方や向き合わせる課題を決定する傾向がある。すなわち，事例1（61頁〜）では，保育者は，トラブルの当事者達に気持ちを語るという課題を要求するのに対し，5歳児の事例では，当事者が自分達でトラブルを解決していくという課題を幼児達に要求している。他方，オーストラリアの場合は，幼児達が生きている多文化や社会経済的格差の大きい社会のなかで彼らが形成すべき能力は何か，そしてそれを達成するために幼児期段階で形成すべき能力は何かという観点から，保育がデザインされている。

　第三に，日本の場合，保育の実践場面において実際に起きたトラブルの文脈の中で援助を行っている点が特徴的である。これは，日本の保育者が，幼児同士のトラブルを否定的にとらえるのではなく，むしろ発達を促す良い契機としてとらえているということである。援助の方法としては，年齢が低い幼児達に対しては，保育者はトラブルの当事者に寄り添いながら，彼らの気持ちに共感し，言語化しながら，当事者同士を媒介するというアプローチをとっている。また，年齢が上がるにしたがって，「見守る」という援助を行っている。これに対し，オーストラリアでは，そのトラブルを解決するスキル形成という目的を持った活動を構想するという点に特徴がある。これは，実際にトラブルが起きたときに対処するという性格のものではなく，社会的，文化的要因によるトラブルを未然に防ぐ，あるいはよりよく処理するための知識やスキルを形成するためのものである。

　日本の幼児教育の現状から見ると，オーストラリアにおいて，このようなコミュニケーション能力を幼児教育段階から重視していることには違和感を持つ人も多いことだろう。この違いは，両国の文化的状況の違いが大きな要因として考えられる。オーストラリアには，多様な言語や文化が混在しており，現実的にはそれらの違いによる差別・排除や優遇といった社会的問題が存在している。こうした現状から，公正な社会を構築していくためには，異質な存在を排除せずかかわり合うコミュニケーション能力の形成が，幼児教育の段階においても課題となっているのである。

　日本の保育者のように，共感的，あるいは情緒的な関係が，幼児にとって重要であることは間違いない。また，今ある幼児の姿から保育活動をデザインしてい

く方法は，日本独自の優れた実践プロセスである。しかし同時に，幼児のトラブルという問題が，教室内の人間関係だけでは読み解けない，社会的，文化的側面へと広がる性格を持ち始めている現代においては，オーストラリアのような取り組みに学ぶ点は多い。教室内だけでなく，将来の社会の担い手としての資質を見越しながら，幼児達の関係性を豊かにしていくという視点が，今後，日本の幼児教育の現場でも必要とされるだろう。

引用文献
1) 平松知子「本当の気持ちにたどりつくまで―揺さぶられる子どもの最善の利益」現代と保育，72号，2008年，37頁
2) 阿部 彩『子どもの貧困』岩波書店，2008年，27～54頁
3) 全国保育団体連絡会・保育研究所編『保育白書 2008年版』ひとなる書房，2008年，13～14頁
4) 浜田寿美男『子ども学序説』岩波書店，2009年，144～147頁
5) 厚生労働省『国民生活基礎調査』2016年
6) 平松，前掲論文，36頁
7) 大和久勝『共感力-「共感」が育てる子どもの自立-』新日本出版社，2007年
8) ビュランダ校の事例については，2009年3月16日に訪問した記録，提供された資料および，Cam, P., Fynes-Clinton, L., Harrison, K. et al., *Philosophy with young children: a classroom handbook*, ACSA, 2007. からまとめている。

8章 食育に関する活動と保育者の援助

▶ ・幼児にとって，園生活で食事をすることの意義について考える。
・食育に関する活動の特徴について考える。
・保育現場でよりよく食育に関する活動を展開するためには，どのような援助や配慮が求められるのかについて具体的に考える。

1. 食育の意義と現状

　食育基本法が2005年に制定された。食育基本法では，幼児の身体のみならず，心も育むという点も述べられていることが特徴である。また食育の推進における保護者と保育者など教育関係者の役割について記され（第5条），食に対する感謝の気持ちを育て（第1条），伝統的な食文化を継承すること（第7条）が基本理念としてあげられている。
　幼児の心身の健康を支え，豊かな生活を送るように，保育者は家庭と連携しながら食生活のあり方を考え，援助する必要がある。「食」とは，単に空腹を満たし，身体の成長を支えるだけのものではなく，「何をどれだけ食べるのか」を問うと同時に「誰とどのように食べるのか」を問う必要がある。

2. 保育における食育

(1) 幼稚園教育要領，保育所保育指針，幼保連携型認定こども園教育・保育要領に見られる食育に関する記述

　幼稚園教育要領，保育所保育指針，幼保連携型認定こども園教育・保育要領には，領域「健康」，幼児保育においては，3つの視点のうち「健やかに伸び伸びと育つ」で，食育を取り扱っている。その「内容の取扱い」を表8-1にまとめる。
　また，保育所保育指針と幼保連携型認定こども園教育・保育要領には「食育の推進」という項目を設けている。その要点を以下に示す。

表8-1 食育に関する「内容の取扱い」一覧

	幼稚園教育要領	保育所保育指針	幼保連携型認定こども園 教育・保育要領
乳児	/	健康な心と体を育てるためには望ましい食習慣の形成が重要であることを踏まえ，離乳食が完了期へと徐々に移行する中で，様々な食品に慣れるようにするとともに，和やかな雰囲気の中で食べる喜びや楽しさを味わい，進んで食べようとする気持ちが育つようにすること。なお，食物アレルギーのある子ども（園児）への対応については，嘱託医（学校医）等の指示や協力の下に適切に対応すること。	
1歳以上 3歳未満児	/	健康な心と体を育てるためには望ましい食習慣の形成が重要であることを踏まえ，ゆったりとした雰囲気の中で食べる喜びや楽しさを味わい，進んで食べようとする気持ちが育つようにすること。なお，食物アレルギーのある子ども（園児）への対応については，嘱託医（学校医）等の指示や協力の下に適切に対応すること。	
3歳以上児	健康な心と体を育てるためには食育を通じた望ましい食習慣の形成が大切であることを踏まえ，幼児（子ども／園児）の食生活の実情に配慮し，和やかな雰囲気の中で教師（保育士／保育教諭）等や他の幼児（子ども／園児）と食べる喜びや楽しさを味わったり，様々な食べ物への興味や関心をもったりするなどし，食の大切さに気付き，進んで食べようとする気持ちが育つようにすること。		

注：（ ）内は保育所保育指針，幼保連携型認定こども園教育・保育要領における表記を記している。
資料：文部科学省『幼稚園教育要領』2017年，厚生労働省『保育所保育指針』，内閣府等『幼保連携型認定こども園教育・保育要領』2017年

・「食を営む力」の基礎を培うことを目標とする。
・意欲を持って食に関わる体験を積み重ね，食べることを楽しみ，楽しみ合う子どもに成長することを期待する。
・乳幼児期にふさわしい食生活の展開と適切な保育者の援助を行うために，計画を作成し，評価・改善に努める。
・子どもが食を通して，自然の恵みである食材や食の循環・環境への意識，調理する人への感謝の気持ちが育つように，調理員との関わり，食に関する保育環境に配慮する。
・保護者や地域との連携の下に食に関する取組を進める。
・一人ひとりの子どもの心身の状態等に応じ，嘱託医等の指示や協力の下に適切に対応する。

(2) 幼児の孤食と共食

わが国の食生活のあり方について，家族と一緒に食事をするが，同じものではなく，それぞれの嗜好による別メニューのものを食べる「個食」は以前より指摘されていたが，近年，「孤食」つまり1人で食事をする幼児が増えていることが問題視されている。核家族化や共働き家庭の増加，中食利用の増大から，保護者が子どもの食生活を十分に把握し，管理することの困難さを指摘している[1]。

幼児にとって人とともに食事をすること，つまり「共食」の場は，友達の話や家族の話など，日常の出来事や自分の考えていることを話す場である。保育現場においても食事場面は，幼児にとって保育者や友達とのコミュニケーションを深める大切な場である。この共食の場が楽しいということは幼児にとって大きな意

表8-2 保育所保育指針における「食育の推進」についての記述

(1) 保育所の特性を生かした食育
ア 保育所における食育は，健康な生活の基本としての「食を営む力」の育成に向け，その基礎を培うことを目標とすること。
イ 子どもが生活と遊びの中で，意欲をもって食に関わる体験を積み重ね，食べることを楽しみ，食事を楽しみ合う子どもに成長していくことを期待するものであること。
ウ 乳幼児期にふさわしい食生活が展開され，適切な援助が行われるよう，食事の提供を含む食育計画を全体的な計画に基づいて作成し，その評価及び改善に努めること。栄養士が配置されている場合は，専門性を生かした対応を図ること。

(2) 食育の環境の整備等
ア 子どもが自らの感覚や体験を通して，自然の恵みとしての食材や食の循環・環境への意識，調理する人への感謝の気持ちが育つように，子どもと調理員等との関わりや，調理室など食に関わる保育環境に配慮すること。
イ 保護者や地域の多様な関係者との連携及び協働の下で，食に関する取組が進められること。また，市町村の支援の下に，地域の関係機関等との日常的な連携を図り，必要な協力が得られるよう努めること。
ウ 体調不良，食物アレルギー，障害のある子どもなど，一人一人の子どもの心身の状態等に応じ，嘱託医，かかりつけ医等の指示や協力の下に適切に対応すること。栄養士が配置されている場合は，専門性を生かした対応を図ること。

資料：厚生労働省『保育所保育指針』（第3章 健康及び安全 2），2017年

味がある。それは，幼児にとって，「楽しい」と感じることは物事に取り組む重要な原動力の一つであり，楽しみながら食を進めることを通して，「食」に関する興味や関心を深めることができるからである。

(3) 保育所における食育に関する指針

前頁の②については，2004年に作成された「保育所における食育に関する指針」という保育の場面での食育の基本方針の内容に触れながらさらに理解を深めていきたい。ここでは，子どもの「食を営む力」を培うことを重視し，食育基本法と同じく，食事を「人間的な信頼関係の基礎をつくる営み」としている。

この「保育所における食育に関する指針」では，「目指す子どもの姿」として，「お腹がすくリズムのもてる子ども」，「食べたいもの，好きなものが増える子ども」，「一緒に食べたい人がいる子ども」，「食事づくり，準備にかかわる子ども」，「食べものを話題にする子ども」の5つをあげ，心身の健康に関する項目「食と健康」，人とのかかわりに関する項目「食と人間関係」，食の文化に関する項目「食と文化」，いのちのかかわりに関する項目「いのちの育ちと食」，料理とのかかわりに関する項目「料理と食」としてまとめている。

(4) 発達過程に応じた幼児の食育

幼児期は，食べる意欲を大切にし，食の体験を広げる時期である。生涯の食習慣の基礎が形成される大切な時期であるといえる。そのため，栄養に関する興味・関心を育て，楽しい食育を実践し，幼児の食べる力を育み，楽しく食べる幼児に成長するための援助と環境作りが必要である。保育者や友達と一緒に食べる

楽しさを味わいながら，食べものや身体のことを話題にすることにより，言葉や社会性の発達が促され，友達の持っているものや食べているものへの関心が広がる。逆に緊張感があったり，友達とケンカをしたり，心にわだかまりのある幼児は食が進まないことが多く見られる。食事の場面においても，大人が幼児の気持ちを受け止め，理解するには，「ともにいること」と，「言葉のみならず，表情や動作から感じ取る」ことが重要である。

加えて，乳幼児期は発達が著しく，また個人差が大きいため，家庭と密接に連携をとりながら，家庭の状況，食べものの嗜好，幼児の食欲や食べられる量など，個人差に十分に配慮し，一人一人の発達に応じた食育を進めていく必要がある。幼児期には，自分でやりたい，食べたいという気持ちが強くなる。このような幼児がもつ自立心を大切にしながら，正しい食習慣やマナーを身に付けるようにする。

3. 食育に関連した保育実践例

食育に関する実践例について，行事に関連した保育者から発信する事例と幼児の実態から発展した事例の2例をあげる。いずれも，2007年度，2008年度実施の活動であり，埼玉県都市部の私立保育所での食育への取り組みである。

(1) 行事と関連した保育実践サイクル

わが国には，1年を通した四季の移り変わりや古来から人々が行っている伝統行事や風習が存在する。このような伝統行事と食には関連するところが多い。つまり，伝統行事の開催を通した人々の願い，たとえば，五穀豊穣や無病息災，幼児の健やかな成長や魔除けといったものが，その時の旬のものを食べることであったり，栄養のあるものをそのときに食べるという形で行われている場合が多い。そこには，わが国の食文化が現れており，幼児は，食を通してわが国の文化を感じ取り，身に付けることができる。

● 「お月見団子づくり」 5歳児

保育者の願い
お団子づくりを通して，日本の四季の移り変わりを感じ，お月見という伝統的な行事とそれに関する食文化に触れ，興味を育てたい。

「お月見」という伝統行事については保育者が積極的に幼児達に発信していこう。

3. 食育に関連した保育実践例

保育計画

　本来ならば，満月の夜が適切であるが，暦を見ながら「中秋」に一番近い平日の昼間に日程を決定。また，ねらいを「季節の行事を知る」，「お団子づくりを通して，生地の触感を感じながら丸めることを楽しむ」「午後のおやつに自分達で作ったお団子を食べ，自分達が作った喜びやおいしさを味わう」と設定。

実　践

　前日に散歩に出かけた時に摘んだ秋の草花や園庭の花を飾り，秋の季節をより感じられるようにした。また，お団子づくりを始める前に，保育者は幼児達にお月見の由来を話し，この時期の月の美しさの話，秋の収穫物に対する感謝の気持ちを持つことを話した。四つのテーブルごとに生地を用意して，それぞれ生地を丸めてお団子を作り，いったん通常保育にもどってから，おやつのときに食べた。

> 幼児にとって，作るだけではなく，「食べる」という直接体験が大切。自分で作ったものをその日においしく食べたい。

省察（記録より）

- 前日の散歩のときに草花を摘んでお部屋に飾りながら，お団子づくりに対する興味が生まれ，よい導入となった。
- 生地を実際に茹でて試食した際に，市販されているお団子と比べて少し固く感じた。来年度は，生地の感触をよく確認する必要がある。
- 主任より「（衛生的な配慮から）おしゃべりをしない」という約束をしたところ，集中して取り組む姿が見られた。また，「おうちの方へ用意してくれてありがとう」の気持ちを込めてエプロンをたたみましょう」という説明をしたところ，丁寧にたたむ姿が見られた。エプロンを丁寧にたたむ際にもおうちの方への感謝の気持ちを伝えることは今後も続けたい。
- 活動を開始する前に身支度を整える時には，保育者の援助は必要であったが，終了後は，各自が後片付けをすることができていた。今後は三角巾をかぶる時には保育者の援助が必要であるが，エプロンは，できるだけ自分で着用するように促したり，また子ども同士で手伝うことの促しを試みたい。
- お団子を丸める際に，お団子の見本（大きさや形）を保育者が置いて，同じように作るよう声をかけたことにより，観察しながら形や大きさを比べる経験ができた。

> 行事に関する活動は毎年繰り返し行い，その繰り返しの中で幼児達は行事に対する興味が育ち，食文化や季節の移り変わりを感じることができる。来年度も同じ時期にできるように，年間指導計画に入れていきたい。

8章　食育に関する活動と保育者の援助

新たな幼児理解
　幼児達は一生懸命取り組んでいた。また，主任や担任のちょっとした言葉がけで丁寧にエプロンをたたむ姿が見られたことから，生活の自立が見られるとともに，家族に対する感謝や思いやりの気持ちをこういったことから育てることができるのではないか。

> 当初，考えていたねらいに加えて，「家族に対する感謝の気持ち」をこの活動を通して育てることができるかもしれない。

　ここに紹介した「お月見団子づくり」は，保育者の願いから出発して計画が立てられた。お月見のように行事に関連した活動は，中秋に五穀豊穣を祈願する，月を愛でるという文化があることを幼児達が体験を通して知るという内容である。また時期を逃すと意味が半減するという性質を持つため，保育者の願いや計画からはじまるというサイクルになりがちである。これは，七夕，節分，ひなまつりなどにもいえることである。

(2) 幼児の実態の理解からはじまる保育実践サイクル

　次に紹介する「レストランごっこ」の保育実践例は，幼児同士の自由遊びの様子から，異年齢での関係の育ちを理解し，その後の活動計画を立てている。
　幼児の遊びから保育者は時に様々なことを知ることがある。たとえば，幼児同士の関係，興味の対象，発達段階などである。また，幼児の遊びの内容をヒントにして，一斉活動に取り入れる，または発展させるという保育の展開方法もある。次に示す事例は幼児期に本物に触れて直接体験することの大切さや効果を踏まえて，幼児の遊びを異年齢の一斉活動に発展させた。

● 「レストランごっこ」 3・4・5歳児

幼児理解
　7月から3～5歳児を三つのグループに分けた異年齢集団の縦割り保育が定期的に行われるようになった。次第に一緒にゲームを楽しんだり，おやつを食べる活動を通して，自由遊びの場面で，3～4歳児の遊んだ遊具を片付けるのを5歳児が手伝ったり，3歳児のいざこざを5歳児が仲裁するなどのかかわりが見られるようになった。

> 5歳児は年長児としての自覚が芽生え，年下の幼児にお世話をしたいという気持ちも徐々にもつようになった。

3. 食育に関連した保育実践例

保育計画

　幼児達の自由遊びの時間によく見られるレストランごっこを本物の食材を使っての活動に発展させたい。また自分の役割を持って，もてなす喜びを本物の食材をつかってより味わえるようにしたい。ねらいを「異年齢児と触れ合いながら，食事をする楽しさを味わう」「配膳する時のマナーを知り，役割分担の大切さを知る」「秋の自然物などを装飾して，季節を感じながら食事を楽しむ」とした。

実　践

　参加する3〜5歳児は，食券を作って色塗りをし，保育者に完成した食券を届けることを通してレストランごっこに対する期待感を持ち，もてなすことを準備の段階から経験した。また，5歳児は役割に責任を持って取り組めるように男児はコック帽，女児はカチューシャをつけるようにした。当日は，栄養課（栄養士と調理師）と保育者が連携しながら環境設定と準備を行い，実践した。

> 幼児同士の関係の育ちを大切にしながら，一斉活動に取り入れたい。

省察（記録より）

・子育て支援センターに外部の方が来園する時間と重なり，移動に時間がかかってしまった。今後，日程を決める際には，子育て支援センターの行事と重ならないように注意したい。
・食券を折りたたんで家に持ち帰るようにしたが，その手順がわからない幼児が見られた。今後，食券の折りたたみ方を幼児に丁寧に説明し，自分で折りたたんでおうちの方に見せる喜びを味あわせたい。
・室内の装飾にもう一工夫ほしい。
・コック帽やカチューシャをつけることにより，3〜4歳児をおもてなしする意欲が出て，喜びに変わった。

新たな幼児理解

　幼児達は，楽しんでいた。5歳児は配膳に少々時間のかかる幼児がいたが，保育者が援助をしながら急がせないよう配慮することで自分の役割を果たせることができた。保育者と栄養課が準備をきちんとすることが幼児達のより一層の達成感につながるのではないだろうか。

> 幼児の遊びを発展させた形の一斉活動では，幼児の発想や幼児同士の関係の育ちを大切にしながら，改めて環境構成や個別の援助などを見直し，よりよい活動となるように工夫したい。

8章　食育に関する活動と保育者の援助

● 「レストランごっこ」の当日活動案

保育者の当日までの準備	・会場の設営（机，椅子運び），会場装飾（季節の自然物を使用），花瓶（秋の草花）。 ・当日の朝，子どもが入室する前に，机を酸性水で拭いておく。
栄養士準備：【前日】	・会場設営（机，椅子運び，時計の設置） ・配膳台の上にいちご柄のクロスを敷く（2台分）。 ・コック帽，カチューシャを用意する。
【当日】	・料理，食器，麦茶，取り分け皿等をワゴンにのせて，会場へ送る。 ・掃除用具，カメラを準備する。 ・お盆，ラップ，生地を10時30分頃，ダムウェーターで2階に送る。
事前に用意するもの	・CDデッキ，スタンプ，台ふきん，雑巾，ゴミ袋，手拭タオル，ティッシュ，アルカリ性水，酸性水

時　刻	幼児の動き	保育者の動き・援助
10：50	《5歳児》 ・保育室にて身支度（三角巾とエプロン）を整える。 ・排泄，手洗い	身支度が進まない幼児を援助する。
11：00	《5歳児》 ホールへ移動 ・ランチョンマット，コップ，食券を持参 ・保育者の話を聞く。 ・コック帽，カチューシャを頭にかぶる。 ・自分の役割の場所へ移動する。 《3歳児・4歳児》 保育室で準備（手洗い・うがい） 食券，コップ，ランチョンマットを持参して移動する。ホールへ入室後着席	・一列になって外部の方に迷惑にならないように配慮する。 ・幼児が配膳の役割に丁寧に取り組めるように，具体的にわかりやすい説明を心がける。 ・コック帽とカチューシャを付けることによって幼児が役割に責任を持って取り組めるように促す。 ・普段とは違う場所で多くの友達と一緒に味わうことに期待を持てるような話をする。 ・個々の様子を見ながら，確実に配膳ができていなかったり時間がかかる幼児に援助する。
11：15	3歳児，4歳児を「いらっしゃいませ」と迎えて順に配膳をする。	・5歳児の幼児が配膳してくれたことに感謝の気持ちを表すように配慮する。 ・全体の流れを見て喫食ができる幼児から順に挨拶をして開始する。
11：25	3歳児喫食開始	
11：35	4歳児喫食開始 食べ終えたら，食器を片付ける。	
11：50	5歳児喫食開始 食べ終えたら，食器を片付ける。 舞台で記念撮影をする。	

4．まとめ

(1) 食育における「行事と関連した保育実践サイクル」と「幼児の実態の理解からはじまる保育実践サイクル」

　「行事と関連した保育実践サイクル」と「幼児の実態の理解からはじまる保育実践サイクル」の2つの例を保育の場で展開する上で，配慮すべき点がある。

　まず，「行事と関連した保育実践サイクル」の場合，その活動内容・行事に対

する幼児の興味をいかに育てるのかに心を砕くことが大切である。導入を丁寧に行うことが求められるであろう。この事例では，活動に入る前にお月見の話として，この時期の月の美しさや月を愛でる文化について話をしている。しかし，保育者の話の内容にどのくらい幼児が興味を持って聞くことができるのか，この点については，個人差が見られることであろう。次に，「幼児の実態の理解からはじまる保育実践サイクル」の場合，保育者が幼児の実態を把握してそこからヒントを得て，一斉活動に発展させる段階で，幼児の興味の対象や遊びの実態から乖離させない配慮が必要である。せっかく日常の中で芽生え，作り上げた興味や関係性をいかに一斉活動に生かしていくのかに心を砕く必要がある。

(2) 食育における保育実践サイクル

　食に関する活動の特徴を述べながら，よりよい食育を進めていくための保育実践サイクルについて説明する。

　第一に，幼児の食を営む力を育てていくためには，家庭を含めた食生活の中で，幼児の食に関する興味を育て，食材を示したり，調理する場面を見せたり，日々の繰り返しが重要である。

　第二に，保育者と栄養士の連携が必要である。食育を通した食を営む力の育成というわが国の食育に関する共通認識を土台として，保育者としての幼児の育ちの理解と栄養士としての栄養面や衛生面に関する知識と配慮を融合し，計画・実践・省察というサイクルに基づいた保育が求められる。衛生管理という理由から，とかく日常の保育展開や幼児達から一線を画する立場になりがちな栄養士・調理師が今現在の幼児の育ちを理解し，計画を見直す必要がある。保育者の幼児理解からはじまる食育に関する活動の実践には，保育者と栄養士・調理師との連携と共通理解が必要となる。さらに，食育に関する活動がその後の生活にどのように影響しているのかを捉えることにより，食育に関する活動が幼児の実態と乖離することを避けることができることであろう。

　第三に，幼児理解からはじまるサイクルを実現するには，食に関する幅の広い幼児理解を必要とする。保育現場での理解のみならず，家庭での食行動，保護者の食に対する意識を含めた幅の広い幼児理解の必要があるからである。現在わが国で定義している食育の意味するところの範囲は広い。また，保育現場のみならず，家庭生活での実践，ひいては卒園後においても幼児が継続的に身に付けていることで始めて意味を成すといえる。

　第四に，食育に関連した活動には，行事と関連した活動が多く見られる。たとえば，お月見のだんご作り，七夕の流しそうめん，ひなまつりの雛あられや菱餅などに見られ，行事を行うのに適切な時期を逃すと意味が半減する。そのため，

指導計画を立てる際に，先を見通しながら日程を定めておかなければ，暦の意味合いを欠く内容となってしまうし，作物の生育状況を見ながら，計画を見直し，臨機応変に対応することが望まれる場合もある。

「保育所における食育の計画づくりガイド－子どもが『食を営む力』の基礎を培うために－[2]」によると，幼稚園や保育所での食育に対するカリキュラムが以下のように，類型化されている。① 食事を対象とした大綱的なカリキュラム，② 食に関連する活動分野を網羅したカリキュラム，③ 食に関する特定分野を特化したカリキュラム，④ 年齢別の視点を加味した食育のカリキュラム，⑤ 食の多面性を視野に入れた食育のカリキュラム，⑥ 保育に融合させたカリキュラム，である。前項で紹介した2つの事例はこの中では，②に該当すると考えられる。また，「食育の計画づくりをすすめるには，計画づくりに必要な研修の実施や職員会議による体制づくりに積極的にかかわることが不可欠[2]」とあるように，衛生面の管理や栄養面の配慮という点での栄養士，調理師との連携が不可欠である。そのためには，「食を通して子どもがどのように育つことを期待するか」，さらに「園でどんな食育をしていきたいのか」について，省察し，文字化することで共通認識が深まることが期待できるであろう。

保育者は幼児を理解すると同時に育ってほしいと願うものである。現在の幼児の実態を理解するとともに，この幼児をどのように育てるのかと願うことが「ねらい」として具体的に文章化され，計画が作成される。この保育者の「ねらい」が総合的に達成されようとする過程の中で保育実践サイクルは絶えず修正されながらスパイラル上にモデルアップする。そのきっかけは，幼児の実態を保育者が理解し，幼児から発信するものを受け止めることや，保育者や栄養士，調理師などの園内の職員間のみならず，保護者や地域に向けて積極的に発信することでもある。

引用文献
1) 文部科学省『食に関する指導体制の整備について（答申）』2004年
2) 中坪史典，他『保育所における食育の計画づくりガイド－子どもが「食を営む力」の基礎を培うために－』財団法人こども未来財団，2007年

参考文献
木村友子・西堀すき江編著『事例で学ぶ食育と健康』建帛社，2008年
中坪史典，他『食育政策の推進を目的とした保育所における食育計画に関する研究報告書』財団法人こども未来財団，2007年
農林水産省『平成28年度版食育白書』2017年
農林水産省『平成27年度食育推進施策（食育白書）』2016年
保育所における食育の在り方に関する研究班『楽しく食べる子どもに－保育所における食育に関する指針』厚生労働省，2004年

9章 「障害児」への理解と援助の方法

▶ ・「障害」の捉え方の多元性
・関係性としての「障害」
・理解と援助を高めるヒント

1.「障害」についての基礎的理解

(1)「障害」への意味付け

　私達がなじみのある社会と文化は，時代や地域や民族などによって随分違っている。しかし，私達が産み落とされたとき，その社会と文化は，それ以外のものを選べないし，いつしかそれが「自然」になる。私達は，産み落とされた環境の中で，ある限られた思考や行動の様式を身に付けていく。これが，発達の過程である。しかも，この世に産み落とされた子ども，周囲の環境の刺激に対して，与えられた感覚を研ぎ澄ましながら，積極的に反応する力をもっている。触覚，嗅覚，聴覚，視覚，味覚といった感覚があり，肢体（手足），言語，そして認知にかかわる機能が備わっている。

　私達が，こうした力を身に付けるには，周囲の人びとからの献身的な働きかけがなければならないが，当の本人が物心ついた頃には自然に備わっている力のように思える。それだけに，「あれ？何か，私とは違うな…」と思える他者に出会うと，「不自然」だと思う。「障害」に対して違和感を感じるとすれば，こうした思いが源になっているはずで，その違和感自体は否定されるべきものではない。しかし，人間は「ホモ・シグニフィカンス」（意味を求める種）といわれるように，違和感をそのまま保持するのではなく，そこに自分なりの意味を込めようとする。何か分類できにくい事象があったり他者がいると，それらに意味を込めることで，自分のアイデンティティーを維持しようとするのである。「障害」への理解にも，こうした「違和感から逃れる意味付け」が作用している場合がある。

　ここでは，ひとまず4つの意味付けを取り上げて，「障害」への理解を深めていこう。1つ目は価値。障害をマイナスあるいはプラスに捉えるあり方である。

障害があることを「劣っている」あるいは「素晴らしい」と捉えることがこれに相当する。2つ目は個性。障害を，マイナスでもプラスでもなく，個人の性質として捉えるあり方である。障害は何かが「苦手である」とか「下手である」ということと同じように捉えることに相当する。3つ目は類型。障害を健常あるいは定型との対比で捉えるあり方である。多くの人びとの発達のあり方を基準にして，「健常ではない」「定型ではない」と捉えることに相当する。そして，4つ目は属性。障害を，性別，民族，年齢などと同じく，属性として捉えるあり方である。様々な属性の1つであって，この属性だけが突出しているものでもなく，人格や人権を重視することに相当する。

　保育が，他者の経験の総体を大切にする営みであるならば，これらの意味付けをまずは「ありのままに」受け入れておきたい。

(2)　「障害」の分類

　ここまで，「障害」についての一般的な理解をみてきたが，より理解を深めるため，WHOの「障害モデル」を紹介しよう。まず，1980年に提示された「国際障害分類」(International Classification of Impairments, Disabilities, and Handicaps：ICIDH) には，機能障害 (impairments)，能力障害 (disabilities)，社会的不利 (handicaps) という3つの階層で「障害」が分類されている。機能障害とは，心理的，生理的，解剖学的機能の喪失または異常を意味する。能力障害とは，人間にとって正常とみなされる方法または範囲において，活動する能力の制限または欠如を意味する。そして，社会的不利とは，機能障害や能力障害がある特定の環境での不利益を生じていることを意味する。「障害」には，元々の機能障害があり，それが社会的に評価されることで能力障害となり，これらの障害が社会的文脈で社会的不利となる。大まかにいえば，「生まれながらの障害」とは別に，「社会的につくられる障害」があるとの認識である。

　この「国際障害分類」は，その後，改定された。2001年に提示された「国際生活機能分類」(International Classification of Functioning, Disability and Health：ICF) では，「障害」の分類に新たな展開がみられる（図9-1）。「国際障害分類」では，「障害」はマイナスの意味合いで捉えられ，主として「障害者」のみを想定していた。しかし，「国際生活機能分類」では，「生活機能」というプラスの意味合いの概念を導入し，すべての人の「健康状態」を対象とした。また，「国際障害分類」では，機能障害を出発点として，能力障害や社会的不利に至る「基底還元論」であるとの誤解を招いた。しかし，「国際生活機能分類」では，新たに「心身機能・身体構造」「活動」「参加」という3つの階層に区分し，これらに問題を抱える場合が「機能障害」「活動制限」「参加制約」であるとされた。そのう

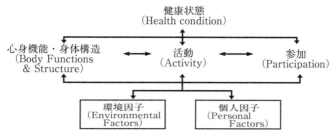

図9-1　国際生活機能分類

えで、これら3つが相互に関連し合っており、かつ「個人因子」や「環境因子」からの影響を受けている、という枠組みを提示した。

(3) 「障害」の特徴

では、個々の「障害」の特徴は、どのようになっているのだろうか。「障害」には、視覚障害、聴覚障害、運動障害、知的障害、言語障害といった個々の機能的な障害だけではなく、現在、支援が求められている「発達障害」もある。そのため、現在もまだなかなか理解の深まっていないこの「発達障害」の特徴をまずは理解しておくことが保育者として必要である[*1]。

文部科学省ホームページに掲載された「主な発達障害の定義について」を参照すると、表9-1のように定義されている[*2]。

保育の場面で幼児とかかわる際に、こうした基礎的な理解は必須である。それぞれの障害の特徴を知っておくことは、障害のある幼児への支援の前提条件であ

表9-1　主な発達障害の定義

自閉症	自閉症とは、3歳位までに現れ、①他人との社会的関係の形成の困難さ、②言葉の発達の遅れ、③興味や関心が狭く特定のものにこだわることを特徴とする行動の障害であり、中枢神経系に何らかの要因による機能不全があると推定される。
学習障害（LD）	学習障害とは、基本的には全般的な知的発達に遅れはないが、聞く、話す、読む、書く、計算する又は推論する能力のうち特定のものの習得と使用に著しい困難を示す様々な状態を指すものである。学習障害は、その原因として、中枢神経系に何らかの機能障害があると推定されるが、視覚障害、聴覚障害、知的障害、情緒障害などの障害や、環境的な要因が直接の原因となるものではない。
注意欠陥／多動性障害（ADHD）	ADHDとは、年齢あるいは発達に不釣り合いな注意力、及び／又は衝動性、多動性を特徴とする行動の障害で、社会的な活動や学業の機能に支障をきたすものである。また、7歳以前に現れ、その状態が継続し、中枢神経系に何らかの要因による機能不全があると推定される。

資料：文部科学省：主な発達障害の定義について、http://www.mext.go.jp/a_menu/shotou/tokubetu/004/008/001.htm

[*1] 2003年からは発達障害者支援法、2004年からは障害者自立支援法が施行されるなど、障害に関連する法制度が変わった。幼稚園教育に関しても、2005年に学校教育法が一部改正され、特殊教育から特別支援教育へと名称も内容も変わった。保育所保育や幼稚園教育も、公的サービスの一環として、こうした法的根拠を確認する必要がある。

[*2] 日本LD学会編『発達障害辞典』(丸善出版、2016)の柘植(2016)による「発達障害」の項を参照すると、発達障害の対象・範囲は「基本的には、学習障害、注意欠陥多動性障害、自閉症／自閉症スペクトラム症、その他の類似する障害のほか、知的障害（精神遅滞）などを含める場合もある」とある。また、「発達障害は種々の関連する障害の総称であり、統一された定義は現時点では存在しない。診断基準も含め個々の障害に関する研究が研究途上であること、そのグルーピングの仕方の模索の最中であることから、その総称も変遷する」とある。なお、表中では「自閉症」という名称が用いられているが、アメリカ精神医学会のDSMの第5版(2013)では「自閉症スペクトラム症」、WHOのICD（国際疾病分類）の第10版(2016)では「小児自閉症」と分類された。

る。しかし，対象が人間である限り，分類がそのまま通用するわけではない。分類は，あくまでも，「他の障害とは大きく異なる全体的な特徴」を表すものであって，実際の障害の現われ方は，2つ以上の障害が並存するより複雑なケースもある。また，診断や判定は，医師や心理判定員などに認められており，保育者には認められていない。職務の内容は，その専門性を根拠に，資格の範囲内で行われるもので，それを越えることができない。ただし，こうした「制約」がありながらも，保育者としてできることがある。

それは，幼児と比較的長く向き合うことによって，具体的なかかわりのなかから幼児の障害の様子を知り，具体的なかかわりによって幼児を援助することができる，ということである。個々の障害の特徴を理解して援助を組み立てることも大切だが，実際に幼児とかかわる際に重要となるのは，個々の障害の特徴ではなく，その症状の分析をすることである。肝心なのは，「この子は，具体的に，何ができて，何ができないか」という臨床的な観点である。

2．「障害児」の理解と援助の方法
（事例紹介）

(1) 複数の障害をもつタケルくん

ここで紹介する事例は，自閉症と診断された男の子・タケルくん（仮名・3歳）と彼の通うヤマシロ幼稚園（仮名）での保育実践である。療育手帳を取得する際の心理判定によると，タケルくんの障害のレベルは軽度（B2）であるが，3歳児クラスへの入園当初は様々な「発達遅滞」が見られた。また，母親の胎内に生を受けた初期の段階（発生段階）で，骨格や組織に先天的な形成不全が生じたため，自閉症以外の障害ももっている。

自閉症の主な特徴は，先にも説明したように，① 社会性の障害，② 言語コミュニケーションの障害，③ 固執性の3つである。しかし，その3つはあくまでも基準であって，実際は様々な機能や能力の障害となって現れる。また，タケルくんの場合のように，実際には，自閉症とその他の障害が併存している場合も多い。そのため，障害を捉えることはそれほど簡単なことではない。そこで，ここで事例を紹介するために，便宜的に，視覚，聴覚，運動，言語，認知，社会性，生活習慣から分類した。入園時に見られた障害の現われ方を記述し，入園から1年間の経過をたどった際の改善度を示したのが表9-2である。入園時の障害の現われ方のうち，1年経った時点で，すべての項目で何らかの改善がみられた。

2.「障害児」の理解と援助の方法

表9-2 タケルくんの障害の様子

分類	障害のあらわれ方の例	改善度
視力	特になし	—
聴力	特になし	—
運動	(1) 左手や左脇に何らかの「お気に入り」の物を何個か常に持っている。	◎
	(2) 頭部頭蓋骨と頸部（首）の形成不全のために，頭部が右に傾いている。	◎
言語	(1) 複数個所の骨格・組織の形成不全のために，発音・発語が明瞭ではない。	△
	(2) 一語文がほとんどで，二語文はそれほど頻繁に表現できない。	◎
認知	(1) 動物や野菜などの名称はもちろん，家族や自分の名前や呼称も発しない。	◎
	(2) 簡単な数や量の概念も認知しておらず，他者からの指示が難しい。	△
	(3) 顔や身体の部位の名称も認知しておらず，指し示すことも難しい。	○
社会性	(1) 場面や序列など，特定の事柄に非常に強く固執している。	△
	(2) 他者と目を合わせることが少なく，他者からの声かけに反応が少ない。	○
	(3) 日常的な会話やしつけによる学習も十分に定着することが少ない。	○
	(4) 家族や周囲の子どもたちと場を共有しても，他者と関わらないことが多い。	△
生活習慣	(1) 衣服や靴の着脱が自分一人ではできず，介助をすることへの抵抗もある。	○
	(2) 食事の際には必ず介助がつかなければ自らスプーンやフォークを持たない。	△
	(3) 歯ごたえのある固いものしか食べず，石を噛んでいることもある。	◎
	(4) 保護者や保育者に告げず，室内外のどんな場所でも排泄行為を行っていた。	◎
	(5) 家庭でも教室でも，周囲の人と同じようにじっと着座することができない。	○
	(6) 睡眠するまでには時間がかかり，眠りが浅い為にすぐに起きる。	◎

注：上記の「改善度」の評価は，あくまでも筆者の観察によるものであって，医学的な診断や心理学的な判定によるものではない。◎は十分に改善されたこと，○はある程度改善されたこと，△はまだ十分に改善されていないことを意味している。

(2) 入園から1年間の軌跡

すべての項目で改善が見られることは，障害についてあまりなじみのない方は意外に思われるかも知れない。また，どんな幼児も，タケルくんと同じように，すべての項目で発達が進んでいくとは限らない。たとえ同じ環境でもどの子も一様に発達するものでもなく，どんな機能や能力もすべて同じように高まっていくものではない。しかし，保育者となるからには，幼児の「育つ力」を信じよう。タケルくんの1年間の軌跡を振り返ると，保護者，先生方，お友達の力を借りて，様々な側面の発達が少しずつ進んできたことがわかる*。

タケルくんが入園したのは，彼が3歳になった春。M市では，ほとんどの園

図9-2 「直線」「配列」へのこだわりも

＊ タケルくんの事例は，保護者，担任教諭，病院の療育担当者（言語聴覚士と作業療法士）へのインタビュー，保護者と担任教諭とのやり取り（お便り帳），幼稚園や療育場面での記録（主としてビデオ撮影とメモ書き）に基づく。本書の目的に沿って保育者の実践に焦点を当てているため，以下に述べる事例の紹介は，家庭での保育や病院での療育については省略している。

で「障害児保育」が行われていないため，保護者はいくつかの幼稚園で入園を断られ，発達障害をもつ幼児の「駆け込み寺」となっているヤマシロ幼稚園にタケルくんは入園することになった。タケルくんの保護者は，「この子を幼稚園に通わせてあげたい。でも，通わせるからには，タケルのことを正直に園に話して理解してもらいたい」との思いから，タケルくんのことを「自閉傾向がある」と園に説明した。その時，面談に応じてくれた園長は，一言，「子どもは子どもの中で育ちます。安心してください」といった。

　入園当初，保護者は，この優しい言葉に，一方で安心しながらもう一方で不安を抱いていた。しかし，この不安も，少しずつ和らいでいく。それは，同じクラスのお友達やクラス担任のミカ先生（仮名）が，タケルくんのことを温かく見守り，事あるごとにタケルくんを助けたこと，そして，タケルくん自身が潜在的にもつ育つ力が発揮され，タケルくんがみるみるうちに明るく元気な子になっていったからである。といっても，担任のミカ先生も，タケルくんとのかかわりやタケルくんを含めたクラス運営が最初からうまくいったわけではない。

　入園した頃，タケルくんは「自分の世界」の中で毎日を送っていた。先生やお友達はもちろん，保護者やお姉ちゃんとのかかわりでも，問いかけにほとんど応答せず，目を合わせることも少なく，人が彼の手を握れば振り払うことも多かった。そんなタケルくんは，当初，たった一人で「おとなしく」遊んでいることが多く，排泄も食事も身支度も一人ではできなかった。集団生活をする教室は，不安な場であるのか，突然，大声で叫んでは教室の隅に寝そべり駄々をこねることもあった。製作遊びなどの特定の作業が必要な場面では，ミカ先生の指示が通らず，クラスのお友達と一緒に行動できないことがほとんどだった。

　そんなタケルくんが，今ではずいぶんといろんなことができる。タケルくん自身のできることも増え，クラスの輪の中に入る機会も増えた。ここでは，ミカ先生の実践に焦点を当てて，その過程を跡付けてみよう。

(3) タケルくんへの理解と援助 ― 排泄指導・着脱練習を例に ―

　タケルくんの「気になる行動」はたくさんあるが，ここでは排泄・着脱を例に，ミカ先生のかかわりを見てみよう。

　図9-3は，入園した4月からの1年間を跡付けたもので，「幼稚園での様子」「家庭での様子」「保育者のPDCA」「援助と自立のウェイト」の4つの欄に区分してある。「幼稚園での様子」と「家庭での様子」の欄では，それぞれの場面で，ミカ先生，タケルくん，保護者がどのような活動をしているのかを記述している。また，「保育者のPDCA」と「援助と自立のウェイト」の欄では，こうした具体的な活動の過程で，PDCAのどの時期にあり，保育者からの援助とタケ

月	幼稚園での様子		家庭での様子		保育者のPDCA			援助と自立のウェイト
	ミカ先生の援助	タケルくんの活動		保護者の援助	排泄練習	着脱練習	集団生活	
4	列車になりトイレへ	おしっこのまね	おむつの中で排尿・排便		D	D		援助
5	排尿もしないと家庭に連絡	がまんして排尿もせず	初めて一人でおむつを脱ぐ		C			
6		トイレで1～2滴の排尿	おまるに乗り排尿・排便	おまるに乗るように声かけ			D	
7	パンツの上げ下げ	トイレで排尿するようになる	おむつからパンツに変更	パンツの上げ下げ	A	C		
8	(夏期休暇)		「トイレ行く」と言いおまるへ	パンツをはくように補助	P			
9	パンツの着脱練習	補助をしてもらいパンツをはく				A		
10		初めて一人でパンツをはく	初めて一人でパンツをはく		D			
11			トイレに行き排尿・排便					
12		「おしっこ」といい手を引く			C			
1	排泄前の着替えについて相談	お友達から遅れて焦っている	「待って」と夜中に叫ぶ	連絡帳に報告連絡帳に要望	P	P		
2		一人でトイレに行き排尿			A		C	
3								自立

図9-3 入園から1年間の軌跡

注1：便宜的に「パンツ」と表記しているが，ズボンなど同様の動作を必要とする衣類も含まれる。
　2：アミのかかったセルは排泄にかかわる部分で，セル中で太字は着脱にかかわる部分をさす。

ルくんの自立のどちらにウェイトがあるのかを説明している。

　ここにあげた例は，着脱と排泄がテーマであり，最終的には，これらの行為が「一人でできること」が目標となる。タケルくんが入園した3歳という年齢は，いわゆる定型的な発達の幼児でも，衣服の着脱や単独での排泄が困難な幼児がいる。定型的な発達の幼児でも，パンツの着脱やトイレでの排泄について，根気良く教えていかなくてはならない。しかし，骨格や神経の形成不全，さらには自閉症であるため，タケルくんとかかわるには，こうした「単なる」難しさではない，長期に及ぶ辛抱強さが要求される。それは，定型的な発達の幼児の難しさにはあまり見られない以下のような特徴として集約できる。

① 左手を使わず右手だけを使うため，着脱や排泄の行為が難しい。
② （家庭ではなく）園のトイレという特定の場所に入ることが難しい。
③ 尿意や便意を何らかの感情表現として表出することが難しい。
④ 他者の動きや指示に意識を向けることそのものが難しい。

　保育になじみがなければ，着脱や排泄という行為が，「複雑な」行為であるとは思わないだろう。しかし，タケルくんのように，スキル，認知，感情，意識といった様々な点で難しさを抱えている幼児をみると，その複雑さがわかる。

　4月ごろ，ミカ先生は，他のクラスと同じように，クラスのみんなの排泄練習のため，列車になってトイレまで連れて行く。ここまでは，通常の保育でも見られるような入園当初の場面である。しかし，タケルくんが出席番号順で先頭にな

るため，このクラスの列車は出発が遅く，すんなりとトイレまで行けない。そこで，ミカ先生は，タケルくんを列車の最後尾の「車掌さん」にする。先頭でみんなをリードすることはできなくても，最後尾でみんなについていくことはできるので，だんだんと「みんなと行動をともにする」ことができ，園のトイレへの違和感が少し薄れていったのである。

ところが，4月が終わり5月になっても，タケルくんは園のトイレでは全く排尿も排便もしない。心配になったミカ先生は，「園ではトイレで全く排泄をしません。お家では，どうですか？」と連絡帳に書いて，保護者に相談をする。家庭では，普段はおむつの中で，ときには部屋の床の上に，排尿や排便をしていたため，保護者はおまるを使うことにした。保護者は，タケルくんの好きなキャラクターのシールをおまるに貼り，6月の間はずっと根気強くタケルくんに声かけをしやっとおまるで排泄するところまでこぎつけた。

一方，園では，タケルくんは相変わらずおむつの中でも排泄せず，トイレで1～2滴の排尿をするだけだった。梅雨の時期，ちょうどおむつが蒸れてかゆくなったのか，おむつがあたる部分に赤く湿疹ができたのを機に，ミカ先生から「パンツに変えてみませんか？」と保護者に提案がある。排泄の練習ではよくあることだが，おむつからパンツに変えると，おしっこで濡れることを嫌うため，幼児が自然と「おしっこ！」といったり，自分からトイレに行き始めることがある。

ミカ先生と保護者の連携はピッタリのタイミングで，ミカ先生と保護者はパンツの上げ下げを手伝う程度で，7月からは園のトイレで排尿ができるようになった。しかも，8月になると，それまで尿意や便意があるとモゾモゾしていただけのタケルくんが，「トイレ，テュー（行く）」といっておまるに座って排泄するようになった。自分の感情や考えを何らかの言葉で表現することの少なかったタケルくんが，尿意や便意を彼なりの言葉で表現するようになったのである。

夏休みのこうした様子を連絡帳で知り，ミカ先生は「一人でパンツをはく練習」を新学期の9月から始める。初めは，何も反応しなかったが，ミカ先生がパンツを床の上に広げて置くと，タケルくんが手に取るようになり，やがて，途中まではいて止まるとミカ先生があげる，というところまでできるようになった。そのうち，補助の必要もなくなり，10月には一人でパンツをはけるようになった。

図9-4　お着替えだけど，じっとしていたタケルくん

これに自信が付いたのか，11月になると，タケルくんは家庭で「トイレ，テュー（行く）」といって（おまるではなく）トイレに行き，自分で排尿や排便ができるようになる。また，12月になると，園でミカ先生に「おしっこ！」といって，先生の手を引いてトイレまで行き，先生に補助してもらいながらも排尿が頻繁にできるようになった。

図9-5　お友達と一緒に（？）お帰りの支度…

　さらに，1月には，大きな転機を迎える。このヤマシロ幼稚園では，登園後，クラスのお友達がそろうと，お着替えをしてトイレに行くのが日課である。そのため，タケルくんはお着替えを済ませたお友達に後れを取り，「焦っている様子」がうかがえた。そこで，ミカ先生は，「クラスのお友達に遅れないように手伝うべきか，それともタケルくんのペースを尊重すべきか」という迷いを保護者に打ち明け，保護者の意向を聞いた。

　保護者は，「焦る気持ちになることも勉強ですが，取り残されるだけでは不安がつのります。タケルに合わせる時と合わせない時をつくって頂けると幸いです。でも，同じクラスや他のクラスのお友達のペースを乱すことも，先生にご迷惑やご負担をかけることもできません。先生だけにご負担がかからないように」との返事を書いた。ミカ先生は，他のクラスとの兼ね合いもあるため，この保護者からの連絡を他の先生方にも読んでもらい，タケルくんと同じような「気になる子」に対して，園全体で援助・配慮できるように働きかけた。

　このおかげで，ミカ先生が他のお友達に目が向いている時も，他のクラスの先生もタケルくんの着脱や排泄を補助したり，遠目で見守ったりすることができるようになり，入園から10カ月，ついに一人でトイレに行き，パンツを下げて排尿をし，パンツを上げて教室に帰って来ることができるようになった。

3. 事例にみる理解と援助の基本的な枠組み

　ここでの事例は，本書の目的に沿って「保育者の実践過程」に限定しているため，タケルくんの生活のほんの一部分を紹介しているに過ぎない。友達の中で育っていく「場面による学習」の力は大きく，また何よりも，タケルくん自身の「子どもの育つ力」がなくてはならない。しかし，この一部の生活を振り返っただけでも，保育者が実践を高めていくヒントがある。

(1) 保育実践は複数の軸に沿って進行する

　本書の序章において，Aを「対象理解」としているが，本来，PDCAは，認識と行為の繰り返しである。そのため，Aは改善という行為を意味しており，「対象理解」はPDCAすべてに含まれている。このことを踏まえ，本章の事例からPDCAを再定義すると，以下のようになると思われる。

　　A：適切でなかった点を改善できるように働きかける。
　　P：特定の状況や場面を想定して，どう働きかけるかを考える。
　　D：適切な行動ができるように，実際に幼児に援助をする。
　　C：幼児の理解や幼児への援助は適切であったかを検討する。

　肝心なのは，保育実践は1つのサイクルの軸で進行しない，という点である。タケルくんとのかかわりは，着脱にかかわる部分と排泄にかかわる部分がある。この着脱や排泄という行為は，非常に複雑な行為であるため，その要素であるいくつかの行為の練習を別々に行う必要がある。そのため，実践過程には，それぞれの行為について別々のPDCAサイクルの軸があると想定できる。

(2) 理解と援助には2つの枠組みが必要である

　この事例紹介の前段階で，「発達障害」にはそれぞれの特徴があることを解説した。しかし，個々の幼児とかかわっていく時，こうした抽象的なレベルで説明可能な「全体の特徴」だけでは十分ではない。「全体の特徴」に加えて，「個別の状況」という枠組みが必要となる。事例では，排泄の練習に限定しても，以下のような過程をたどっている。

① 入園当初は，園では，おむつの中でさえ全く排泄をせず，その状態は2カ月にも及んでいた。
② まずはお友達の列車の最後尾に並ばせたことでタケルくんがトイレに向かい，やがて1～2滴のおしっこをするようになった。
③ 家庭での様子などを考慮して，おむつからパンツに変えることで，結果的にトイレでの排尿が始まった。
④ 夏休みの後，パンツの着脱練習を始め，それから3カ月後には先生の手を引きトイレへ行くようになった。
⑤ タケルくんの焦る気持ちを知りながら，ミカ先生達が時に見守ることで，タケルくんは一人でトイレに行き排尿するようになった。

　タケルくんの場合も，確かに自閉症の3つの症状が現われているが，具体的な内容は，実際にタケルくんと接することで初めてみえてくる。この「個別の状況」は，一人一人の幼児とかかわる中でしかつかむことができないが，これが保育実践の過程そのものである。

(3) 可能性を閉ざさない・自分だけで抱えない

　発達障害のある幼児とかかわる際には，その子だけにとらわれることなく，自分だけで抱えることなく，保育を幅広く捉える必要がある。

　ここでの事例の場合，ミカ先生は多くの幼児に当てはまる発達の特徴を参考にすることで，タケルくんの「遅れ」には敏感である。しかし，その一方で，タケルくんの個別の発達の課題を理解することでタケルくんの「世界」に入り込むことができる。ミカ先生は，タケルくんに障害があることで，「発達しない」とか「別もの」とは捉えていない。「他の子と同じ」と考えることでタケルくんの発達の可能性を閉ざさないと同時に，「この子にだけ」と考えることでタケルくんだけの独自の発達の歩みを受け入れている。

　もちろん，障害の特徴から，ある機能や能力の発達には「限界」があるかもしれない。定型的な幼児と比べて発達の歩みが「遅い」ことを，保育者は覚悟しなくてはならない。しかも，幼児の障害のあらわれ方や度合いによっては，保育者一人だけでは抱えきれない場合もある。そのため，保護者と連絡を取り合って家庭の状況を加味したり，自分一人の取り組みに限界があれば，園全体での取り組みが必要となる。タケルくんの事例でも，こうした長期的で組織的な構えがタケルくんの発達を支えていることがうかがえる。

4. 事例を発展的にとらえるために

(1)「障害」への関係論的アプローチ

　「障害」について，価値，個性，区分，属性という4つの意味付けを指摘したが*，近年，個々の障害を連続体と捉える意味付けもある。先の4つの意味付けは，対象となる個人や集団の「相違点」を強調するが，「共通点」に注目して個別の集合の数を増やしていけば「スペクトラム」になる。「スペクトラム」という見方は，他の4つの意味付けよりも現実を広く捉えることができる。

　ところが，スペクトラムという意味付けにも，他の4つの意味付けと共通する問題が残る。「障害をもつ」という表現からもわかるように，「障害」が対象者の特性として理解される。これは，障害概念を含めた発達概念は，基本的に，「ある時点での」「個体の」状態を表すため，人と人がかかわる過程で不断に形成されていく「生涯にわたる」「関係性」を対象化しにくいからである。

　しかし，近年，生涯にわたっての発達という意味での「生涯発達」，関係構築のプロセスの性質を捉えるという意味での「関係発達」が提唱されている[1,2]。「障害」についていえば，これまで「障害」と呼ばれてきた内容は，生涯発達という観点では「ゆっくりとした歩み」であり，関係発達という観点では「かかわ

＊　これら4つの意味付けには，限界がある。価値については，対象となっている「障害」が同じであっても，意味付ける側によってマイナスにもプラスにもとらえられるという恣意性を説明できない。個性については，たとえば，「走ることが苦手」といった場合の個性と違って，社会生活上，「個性だから気にしない」というわけにはいかない。区分については，そもそも，人間を「障害者／健常者」といった2つの集団に単純には分けることができない。属性については，「障害」が他の属性と比べて相対的には社会生活上の大きなハンディになることを説明できない。

りの中で変わる」ことを示唆している。「障害」を，生涯という長いスパンで眺め，関係性という文脈に位置付ける，特性論的アプローチから関係論的アプローチへの転換が，今，求められている。

(2) 臨床的な保育実践の「前提」

　PDCAサイクルは，経営学における品質管理論の1つで，サイクルを繰り返し螺旋状に品質を向上させていくというモデルである*。学説としては新しくなく，また，実際の多くの職務は，こうした循環する過程をたどる。それでもなお，私達がこのモデルを提示するのはそれなりの理由がある。

　PDCAサイクルのように循環する力量形成が望まれるのは，保育がもつ実践の志向性に由来する。園での保育は，保育者と幼児が織りなす活動であり，保育者からの働きかけのウェイトは「指導」と「援助」，幼児の意味付けは「従属的」と「主体的」という軸に分けることができる[3]。しかし，「指導」にウェイトがかかると，保育者はどうしても幼児の意味付けを軽視する。だからこそ，実践を省察する保育者が望まれるのである。ただし，こうした力量形成は，保育者個人のみでできるわけではない。組織には，何らかの雰囲気（風土）があり，それを土壌にして保育者という草木が育っていく。現実の保育者達が考えをめぐらし苦悩するのは，まさにこの組織の風土であるが，保育者個人は，問題発生においても，問題解決においても，できる範囲は限られている。

　では，どうやって合理的な思考や活動を行えるのか？と問うた場合，私は，「苦しみを受け止めることで知恵を付けよう」と答えるしかない。

＊　こうした合理的で個人的なモデルが現場に持ち込まれることは多いが，研究者が人々の実践過程に無理解であったり，現場を十分知らなかったり，研究の原典さえも読み込んでいないことがある。研究者は，モデルを持ち込むにしても，少なくとも論理構成として，その前提条件を提示すべきである。

引用文献

1) 無藤　隆・やまだようこ編『生涯発達心理学とは何か』金子書房，1995年
2) 鯨岡　峻『関係発達論の構築』ミネルヴァ書房，1999年
3) 小田　豊『新しい時代を拓く幼児教育学入門』東洋館出版社，2001年

参考文献

岩井淳二・水野　薫・酒井幸子『新訂版 幼稚園・保育所の先生のための障害児保育テキスト』教育出版，2014年
小野次朗・上野一彦・藤田継道編『よくわかる発達障害』ミネルヴァ書房，2007年
グループこんぺいと編著『発達が気になる子へのかかわり方＆基礎知識』黎明書房，2008年
野本茂夫監修『障害児保育入門』ミネルヴァ書房，2005年
野呂文行『園での「気になる子」対応ガイド』ひかりのくに，2006年
藤原義博監修，平澤紀子，山根正夫，北九州市保育士会編著『保育者のための気になる行動から読み解く子ども支援ガイド』学苑社，2005年

10章 連続性を踏まえた保育と保育者の援助

▶ ・2008年の幼稚園教育要領改訂で「連続性」を踏まえた保育実践が強調された理由を知る。
・他の組織・団体との連携・協働,地域の資源を日常の保育に活用する力の重要性について学ぶ。
・継続的に「連続性」を踏まえた保育実践を行うことで,広い視野,長期的な展望で幼児理解することの大切さを知る。

1. 保育者に求められる「学びと生活の連続性」とは

(1) 幼稚園教育要領における「連続性」とは

　本章では「連続性」を踏まえた保育実践の事例を,幼児理解からはじまる循環サイクルの理論的枠組みを用いて考察するものである。「連続性」を踏まえた保育実践は,2018年幼稚園教育要領解説においても[1],序章の第2節第2項「幼稚園の生活」の中で示されており,幼児が自らの興味・関心に沿いつつ,家庭や地域での生活と保育実践を連続性をもって展開することの重要性が示唆されている。

　「連続性」は,2008年の幼稚園教育要領の改訂において,改訂のポイントの中に示された概念である。2008年の改訂は,2003年1月28日に中央教育審議会*より示された答申「子どもを取り巻く環境の変化を踏まえた今後の幼児教育の在り方について」の影響を受けて作成された。中教審では,「幼児教育の今日的課題」として,生活習慣の欠如,コミュニケーション能力の不足など6つの「子どもの育ちの変化」を取り上げ[2],その社会的背景として,少子化,核家族化,都市化,情報化,人間関係の希薄化,地域における地縁的なつながりの希薄化,大人優先の社会風潮などによる「我が国の社会の急激な変化等に伴う教育力の低下」を示唆した。そして,教育力の低下によって新たに生み出される課題に対して,適切に対応する能力が幼稚園教員に求められることを示したが,一方で近年の社会の急激な変化が幼稚園教員自身にも影響を与え,幼稚園教員自身が多様な

* 文部科学大臣の諮問に応じて,教育,スポーツの振興について調査・審議し,文部科学大臣に意見を述べる組織。

体験が不足しているなど「幼稚園教員等の今日的課題」が存在することを指摘した。そこで，中教審では「家庭・地域社会の教育力の再生・向上，幼稚園等施設の幼児教育機能の拡大」の必要性を示し，さらに，「今後の幼児教育の方向性」として「幼児の生活の連続性及び発達や学びの連続性を踏まえた幼児教育の充実」の方向性を明示した。答申で示されたこの方向性が，幼稚園教育要領改訂で「生活の連続性」，「発達や学びの連続性」が強調された根拠となったのである。

(2) 「連続性」が確保された保育実践とは

それでは，家庭・地域社会の教育力の再生・向上，幼稚園等施設の幼児教育機能の拡大を目指すための「連続性」を踏まえた保育実践とはどのようなものなのだろうか。これまでの先行研究を概観すると，「連続性」を踏まえた保育実践は多様に存在するが，大まかに分類すると三つの方向性が存在する。まず1つ目は，小学校や中学校など他の教育機関との連携である。次に，2つ目として児童館・公民館・NPO*（Non-Profit Organization），子育てサークルなどを積極的に活用した地域社会との連携である。最後に，3つ目として，家庭との連携である。本章では，主に前二者についてどのような実践があるのかを説明し，保護者との連携については11章（101頁〜）で詳しく取り上げる。

＊　民間非営利団体：政府から独立して活動する非営利組織の団体。市民活動やボランティア，芸術活動など，多様な活動をしている。

1　小学校，中学校との連携について

まず，一つ目の小学校や中学校など他の教育機関との連携であるが，この幼小連携について文部科学省がはじめて研究開発学校を指定したのは1999（平成11）年度，東京都中央区立有馬幼稚園・小学校に対してであった。そこではプロジェクト型活動を取り入れた教育課程づくりを行った取り組みが行われた[3]。それ以降，2005年度に研究指定を受けて幼小中の連携・接続期に着目し，特徴的な教育課程づくりを行ったお茶の水女子大学附属幼稚園・小学校・中学校の取り組み[4]（幼小連携は2001年から実施），2001年に研究指定を受けて教科を窓口にしながら教育課程づくりを行った鳴門教育大学附属幼稚園・小学校の取り組み[5]などの先進的な取り組みが有名である。それ以後，各自治体で数多くの幼小連携が行われてきている。

2　地域との連携について

地域との連携については，多様な機関・組織との連携した保育実践が存在する。たとえば，公民館で活動している音楽サークルが園に来てコンサートを開いたり，地域の人々がモノを持ち寄ってフリーマーケットを開催したりするような，他の組織と園の行事を協働的に行う取り組みである[6]。また，近隣の竹林を

散策し、竹の子を収穫・調理したりする活動や[7]、近所の山を登ったり、動物園などの施設を訪問する活動[8]など地域社会にある資源を活用した取り組みが行われている。

3 連携の形態

先に示したように、他の機関や組織と連携した保育実践は多く行われてきており、いくつかに分類することができる。保幼小連携の事例を例にとると、まず、一番多いのが幼小連絡会などを通して、学習の様子や仲間関係、家庭環境などの情報交換を行う"A：情報交換型"である。次に、教育課程に子どもが交流する活動を取り入れる"B：交流型"である。そして、この交流型を深めて、幼稚園の年長児と小学1年生の接続期の教育課程を双方の先生方で検討することで、円滑な移行を目指した教育課程を新たに設ける"C：接続型"である。そして最後に、接続期の教育課程作成を踏まえた上で、双方の先生が互いの学校や園に人事交流し合う"D：人事型"である[9]。これらの型は、連携の困難さによって図10-1のように並べることが可能である。

図10-1　実施する困難さ

4 「連続性」を踏まえるための「保育の方法」

これまで、連携を深めることや「連続性」を踏まえることは、活動の形態がAからDへと移行することと認識されてきた。たとえば、幼稚園と小学校の関係が、運動会に招待されるなど行事などを通して交流するだけの関係から、交流が日常化してともに接続期の教育課程を作成するような関係へ、さらには小学校と幼稚園での人事交流をする関係になることが、保育がより豊かに「連続性」を踏まえるようになったと認識されてきた*。

そのため、先行研究の成果や課題の多くで、接続期の教育課程を作成したり、人事交流するシステムを構築したりする際の多大な労力や苦慮などに対する賛辞が述べられ、その膨大な書類作成力や、その苦慮を乗り越える事務的な能力が、「連続性」を踏まえた保育実践に必要な専門性として示されてきた。つまり、AからDへと移行していくことが、「連続性」を踏まえる度合いを高めることと同じように認識されてきた現状では、行政や他の組織と交渉し折り合いをつける"ノウハウ"や、連携活動を円滑に企画したり、接続期の教育課程を効率よく作成したりする"スキル"などが、「保育の方法」としてとらえられてきたのである。

しかし、保育実践がAからDに移行していくことを、「連続性」を踏まえる

＊　布谷（2008）は、情報交換型の幼小連絡会による連携を「幼・小連携の第一歩は、まずここから始めたい」と、さらにカリキュラム開発を共同して行う接続型の連携を「幼・小の連携も、これまで進めば、よりレベルの高い連携といえる」と述べ、型が移行することをそのまま連携の豊かさに結び付けている[9]。

度合いと同じにとらえてよいのだろうか。人事交流は行政が主導して体制づくりを行わなければならないし，接続期の教育課程の作成も幼稚園，保育所だけでは難しく組織間の協力体制が必要で，組織的な協力がなければ連携自体成り立たず，「連続性」を踏まえた保育は一介の保育者にはできないということになってしまう。

そこで，本章では保育実践において「連続性」を踏まえた度合いを，AからDまでの軸で評価せず，「連続性」を踏まえた保育実践に着目した。「連続性」を踏まえた保育実践が生み出されたプロセスを幼児理解から出発したサイクルを用いて分析することで，そこで求められる保育者の専門性について明らかにし，「連続性」を踏まえた「保育の方法」について提案しようと考えた。

2.「連続性」を踏まえた保育実践とは

本節では，実際に学校や地域と連携した保育実践を紹介し，保育者がその保育を「4つの専門性」に基づいてどのように展開していったのか，こまやかに見取る。そして保育における「連続性」を踏まえるために必要とされる「保育者の方法」について検討を行う。

(1) 保育実践の紹介
1 保育所，クラスの概要

この保育実践は，山形県S市の私立K保育園で行われた。私立K保育園は市内の住宅密集地に存在するために，園庭が50平米ほどしかない。しかし，近隣には「山居倉庫」と呼ばれる1893（明治26）年に建築された米倉庫群が存在し，そのほかにも神社などの歴史的，文化的な建造物が数多く存在する。また，開所時間は午前7時から午後7時までで，今回の保育実践は4歳児，5歳児の混合クラスで計36名を対象に，1年を通して実施されたものである。

2 保育実践サイクル
●地域の資源の活用から日常の遊びへ（5月）

> **幼児理解**
>
> 最近のA男とB男の遊びや生活の姿をみていると，ちょっとしたことでいざこざが起きることを多く感じる。A男，B男だけでなく，身体を動かすのが好きな子がいざこざの原因になることが多い。保育歴，保育時間の長い子ども達が多くなっているため，5歳児のA男とB男にとっては，保育の環境に慣れすぎてマンネリ化し，狭い園庭では身体全体を使ったダイナミックな遊びが展開できなかったりと，物足りない

（A男，B男が起こすいざこざが，身体を十分に動かすことができないためのフラストレーションとして現れていることに気付く。）

のではないか。かといって、園庭を広くするわけにもいかないし、4, 5歳児でも身体をのびのびと動かし、自分なりにイメージを持って遊び込んでいけるようにしてあげたい。

保育計画

いつもの散歩コースで行っている神社の境内を使って、身体全体を使った遊びができないだろうか。せっかく神社を使うのだから、何か遊び全体のイメージがあると、ごっこ遊びや運動遊びが深まっていくのではないか。散歩の時間をつかって、神社で絵本の読み聞かせをすると幼児達がその絵本のイメージをつかってA男とB男はごっこ遊びや運動遊びをするかも。場所が神社だから、同じような神社が舞台になっている絵本を読み聞かせしてみよう。

> 散歩コースにある神社の広い境内を活用することを思い付く。

実　践

散歩の際に、神社で絵本の読み聞かせを行う。いつもと違った場所での読み聞かせを喜ぶA男とB男。お話しが始まると、保育者の読み聞かせに耳を傾け、どんどんお話しの世界に引き込まれていっている。読み聞かせが終わった後、A男とB男に「この神社にも妖怪いるかも？！」と投げかけると、神社の周りを駆け回りながら探索し、ストーリーと似ている場所を探しては互いに目を丸くして教え合っていた。

> A男とB男が遊びの中で見せる動きを、身体表現や運動などの視点で見取る。

省　察

保育室と環境を変えたことで、A男もB男も新鮮な気持ちで絵本の読み聞かせを聞いていた。「今なんか音がしたよ！」と風の音や葉が揺れる音をリアルに感じ取ったり、絵本と同じ風景を探したりする姿などが現れ、互いにイメージを言葉や身振りなどで伝え合う様子から、すっかり絵本の世界に引き込まれていたことが理解できた。「また、来てみようね！」とA男から提案があったことからも、また妖怪達との出会いがあるかもしれないことに期待を高める幼児の気持ちが伝わった。「めっきらもっきら どおんどん」[10]（友達のいない主人公が神社で一人遊んでいると、突然大きな木に穴が開いて、そこから愉快な妖怪達が現れ、妖怪達の世界に主人公を遊びに連れて行く）の物語への関心が一気に高まっていったようなので、次回は妖怪遊びを盛り上げるような声掛けや道具を作ったり、一緒

> A男とB男が集中してお話を聞いている様子を見て、「妖怪がいるかも」と声かけをすることで、次の展開を促している。

10章　連続性を踏まえた保育と保育者の援助

に身体を動かしたりすることで，妖怪に親しみを持って，妖怪になりきって声を出したり動いたりして表現する楽しさを味わえるように一緒に遊びを共有していきたい。

> A男とB男が互いに妖怪の話をしている場面をみて，次第に親しみを増していることに気付く。

新たな幼児理解

A男とB男がすんなりと絵本の物語のイメージを受け入れて，妖怪のイメージを共有しながら楽しむ姿に驚いた。妖怪はちょっと怖いようだが，妖怪のことを互いに話し合っている様子から，日に日に親しみを感じてきているようだ。絵本に出てくる妖怪への親しみをもっと持ってくれると，妖怪が絵本でしているような動きを真似て，身体全体を使った表現をダイナミックに展開できるようになるかな。

● 日常の制作遊びから高校生との協働制作へ（9月）

幼児理解

運動系の遊びより，廃材を使った制作遊びが好きな年長児のC子。これまで，「めっきらもっきら」の物語のイメージで，たくさんの制作遊びをしてきた。絵本で妖怪の好物としてでてきたお餅や，妖怪達のお宝などを作ってきたことで，C子に本物志向が強くなったようだ。本物を作りたい気持ちがでてきているようだ。絵本に出てくるような妖怪が作れると遊びがもっと広がっていくかも。

> 絵本のイメージで制作遊びを行ってきたC子。保育者は，制作の様子から，本物志向が強くなってきたことに気付く。

保育計画

地域の高校生がボランティアで来てくれるときに，一緒に絵本にでてくる妖怪のお面を作ってみよう。幼児達だけで作るより，もっと精密に作れるかな。これまでも，妖怪のイメージでたくさんの制作遊びをしてきた幼児達。高校生のお兄ちゃんやお姉ちゃんと一緒に絵本のイメージをやりとりし，お面を制作することで仲良くなって欲しいな。

> こだわりの強いC子と高校生を1対1で組ませることでC子の思いをかなえるような援助を行う。

実　践

高校生と一緒にお面を作る活動を行った。C子は高校生のお兄さんと一対一で，絵本の中にでてくる妖怪の話をしながら，お話のイメージを共有し，お面を制作した。立体にするところなど難しいところは高校生の力を借りながら，妖怪の細かい特徴などを楽しく話しながら活動は進んだ。

> 毎年来てくれる高校生と一緒に制作することを思い付く。

省　察

　C子は高校生と一対一であったことで，絵本の妖怪のイメージや物語についてとても楽しく話をしながら，お面作りに取り組めた。「鼻はこれぐらい－ここはもっと大きくしたほうがいいかも」，「どの色がいい？－この色にして欲しいな」などと，細かい部分にまで自分の思いと伝えることができ，高校生と密なコミュニケーションを取れたのではないか。まだC子には難しい立体的なお面ならではのリアルなできばえに，C子も満足気で，さっそくお面をかぶってお兄さんと遊ぶ姿が見られた。年長児にとっては，見立てるだけでなく，より本物や実物に近いものを提供することが，遊びを広げることを改めて感じた。

> C子が思い描いているお面のイメージを言葉にして伝えている様子や表情から関係性を深めていることに気付く。

新たな幼児理解

　年長児になると，見立てて遊ぶことよりも，次第により本物に近いものを作りたがるようになるんだな。C子は，この活動以降も制作遊びでは，細かい部分にこだわって作りこんだり，何度も何度も繰り返し作ったりする姿が多く見られるようになってきた。また，制作する中で，友達との関係でも自分の考えをしっかりと話せるようになってきた。年長の時期に幼児に生まれるこのような本物志向を大切にしてあげたいけど，保育の中でどう伸ばしていったらいいのかな。

> 制作遊びを通して，次第に自分の思いを相手に伝えることができるようになっていくC子の変容を見取っている。

3. まとめ

(1) 保育における「連続性」を踏まえるために

　前節では，地域の資源を活用した事例，高等学校と連携した事例の２つを紹介しつつ，その活動が展開していく過程における幼児への理解，計画（デザイン），実践，省察の「４つの専門性」に基づいて，保育者がどのようにして「連続性」を踏まえているのか検討した。本節では，事例をもとにして，「連続性」を踏まえた保育を実践するために必要とされる「保育の方法」について，事例から指摘できるポイントとして３つの提案を行う。

1　ポイント１：地域資源を活用する力（リテラシー）

　今回紹介した事例では，保育者が幼児への理解をもとに，保育計画を行う際に，高等学校や地域のお年寄り，保護者，神社，児童遊園などを結び付け，保育を計画している。これは保育者が，保育所の近隣に存在する神社や遊園などの物的な資源だけではなく，お年寄りや高校生ボランティアの存在などの人的な資源

についても，その知識や情報を蓄積していることが前提となる。そして，ただ単に情報を把握しているだけでなく，それらの知識や情報を保育実践サイクルにどのように結び付け，活用することができるか，常にその情報をどう保育に援用していくか，活用する力（リテラシー）を持っていたことによって，地域の資源との「連続性」を踏まえた保育を展開することができた，と考えられる。

2 ポイント２：協働する場面を意識した環境設定，援助

　この事例では，保育者は幼児理解を深める際に，幼児が相手に自分の思いやイメージを言葉で伝える場面や，相手から発せられた言葉を受け止める姿を想起していることが多かった。そのため，保育者は保育を進めるうちに，他の組織の人々と一緒に交流する際に，幼児がただ一方的に大人から作り方を教えてもらったり，作ってもらったりという関係ではなく，一緒にお面を制作したり，綱引きをしたり，お餅作りをしたりと協働する場面に価値を見出すようになった。そして，協働の場面が生まれるような環境設定や援助が行われるようになったことで，地域に住む人々とのかかわりに，「連続性」を踏まえた保育が展開された。

3 ポイント３：継続的な幼児の成長，学びの見取り

　この事例では，一年を通じて，幼児達は絵本のイメージというトピックを共有化することで，互いの表現や思いを受け止めて自発的に活動を展開してきた。保育者は絵本のイメージに基づきつつ保育を継続的に展開したことで，幼児理解においても年間を通じて幼児の成長がより明確に把握でき，長期的なスパンで幼児の学びや育ちを見る目が身に付いたことを感想として示している。

　また，保育者はこの保育実践を通して他の保育者と同僚性を深めることができたことを感想で述べている。これは，一つの絵本のイメージに基づいた活動を展開したことによって，遊びにおける幼児の今の姿が，以前の遊びの姿，そして次の幼児の姿へとどうつながっていくのか，幼児の学びや育ちを点ではなく線で捉えることがし易くなり，保育者同士が共通の幼児理解を持ち易くなったことが原因と考えられる。さらに，地域資源を活用する際に，一人の保育者が近隣の施設や組織とコネクションを築くことは難しく，実際にこの実践においても保育において地域の資源を活用するために，園長や主任，他の保育者と情報の共有・交換が必然的に求められ，その結果同僚性が高まったと考えられる。そして，同僚性が高まったことで，発表や学びの「連続性」を踏まえた保育が展開できた。

(2) 最後に

　本章を読んで，「実際の保育における"連続性"とは小学校や家庭，地域の方

3. まとめ

などと連携することか」と感じ取った方も多いだろう。しかし，この答えは半分当たっているが，半分は外れている。確かに小学生や地域の大人と交流する活動や行事を計画し，展開していくことが，「連続性」を踏まえた保育実践といえる。しかし，その実践の背景には園で実施される全体的な計画が，家庭や地域を含んだ広い視野と小学校以降の発達を見据えた長期的な展望によって計画されていることが重要である。今回紹介した事例でいえば，保育者がA男とB男，C子の成長を園での姿だけではなく，地域に生きる姿，家庭に生きる姿をもとに，そして今の姿だけでなく，明日の姿・もっと未来の姿を想像しつつ，こう成長して欲しいという思いを込めて3名の幼児理解を深めつつ実践を進めている点が重要なのである。

また，紹介した実践事例が事前に密に計画されたものではなく，その時々の保育における幼児の状況に応じて生み出されたものであることをここで再確認しておきたい。しかし，保育における「連続性」を踏まえるためにはどうしても，他の組織と日程的な調整や内容の吟味を行う必要性が生じる。この事例の後日において，保育者は既に絵本のイメージで行う保護者と連携した行事が計画され，実施する直前に，日常の遊びの中で絵本のイメージを超えて幼児が生み出したお化けのイメージを受け止めて援助するべきか，せざるべきか悩み，結局その瞬間を逃したがために，その子の遊びがしりつぼみに消えてしまった状況を省察している。そして，連携した行事を思うばかりに，一つの絵本のイメージにこだわり，柔軟性を欠いた自らの援助のあり方を課題として取り上げている。このように，「連続性」を確保した保育実践サイクルにおいて，別な組織と連携することを保育計画に盛り込むことで，幼児理解を大切にするべきか，保育計画を優先すべきか，葛藤する場面に遭遇することが多々ある。どちらかを選択しなければならな

【幼児理解】 ○幼児の今の遊びの姿が，将来社会においてどんな姿として現れるのか考える。 ○そのときどきの幼児の遊びにおける育ちに関する自分の理解をまとめ，時系列に並べてその育ちを概観してみる。	【保育計画】 ○幼児の育ちで不足していると思ったところや，将来の幼児に必要だと思われる体験を，地域の資源を活用して環境構成，援助する。 ○他の団体や組織の人々と協働する機会を継続的に設定する。
【省　察】 ○実践前の幼児理解と，今回の実践において収集した情報をもとに，これからの日常的な保育における援助をどのように改善すべきか考える。 ○幼児の育ちを見取る視点や認識に，どのような変化が見られたか，自分の考えを整理する。	【実　践】 ○地域資源や他の人々とのかかわりに焦点を当てて，幼児の育ちや学びを読み取り，文章として記述する。 ○協働した活動が展開できるように援助し，相手とのかかわり方やそのときの言動について，適切な情報収集を心がける。

図10-2　保育実践サイクル

いのだが，最終的には保育者の即時的な判断にかかっている。しかし，ここで重要なのはどちらが正しかったかではなく，判断し実践した後に必ず省察を加え，次の幼児理解に結び付けていく点にある。

引用文献
1) 文部科学省『幼稚園教育要領解説』，2008 年，1～2 頁
2) 文部科学省『子どもを取り巻く環境の変化を踏まえた今後の幼児教育の在り方について』，2005 年
3) 東京都中央区立有馬幼稚園・小学校・秋田喜代美『幼小連携のカリキュラムづくりと実践事例』小学館，2002 年，207 頁
4) お茶の水女子大学附属幼稚園・小学校・中学校・子ども発達教育研究センター，『「接続期」をつくる－幼・小・中をつなぐ教師と子どもの協働－』，東洋館出版社，2008 年，193 頁
5) 佐々木宏子『なめらかな幼小の連携教育－その実践とモデルカリキュラム－』チャイルド本社，2004 年，191 頁
6) 青木久子『新保育者論 子どもに生きる』萌文書林，2002 年，188 頁
7) 小田 豊・青井倫子『幼児教育の方法』北大路書房，2004 年，159 頁
8) ききょう保育園・諏訪きぬ『ききょう保育園の異年齢保育 かかわりが確かな力を育てる』新読書社，2006 年，142 頁
9) 布谷光俊「新・教育課程でさらに求められた『幼・小の円滑な接続』と『幼・小連携』－これまでの答申等に見るこれらの扱いの変遷と連携のかたちを考える－」愛知教育大学生活科教育講座生活科・総合的学習研究，Vol.6，2008 年，1～10 頁
10) 長谷川摂子作，ふりやなな画『めっきらもっきら どおんどん』福音館書店，1990 年

11章 家庭との連携と保育者の援助

▶ ・家庭との連携のための基本的な考え方
・家庭との連携と保護者に対する支援との関係
・幼児を中心においた家庭との連携を実践から学ぶ

1. 家庭との連携とは

(1) 保育者の"幼児の理解"からはじまる「家庭との連携」
　　　－『幼稚園教育指導資料第2集』より－

　園に通っている幼児の生活は，家庭や地域社会で過ごす生活との連続性を持つことにより円滑に営まれていく。それゆえ，幼児の教育は，園ばかりでなく家庭と連携しながら幼児一人一人の発達を促さなければならず，幼児教育では常に家庭との連携の重要性が強調されてきた。では，家庭との連携の基本とはどのようなことなのだろうか。

　これまでにも，家庭との連携については，1986年に幼稚園教育要領が大きく改訂された後，1990年7月に当時の文部省から「幼稚園教育指導資料第2集　家庭との連携を図るために」が出され，社会環境の変化，教育改革による学習指導要領や幼稚園教育要領の大幅な改訂，それに伴う学校週5日制導入などにより，より一層家庭との連携が重要であることが強調された。資料では，幼稚園と家庭とが連携して相互の教育機能を高め合いながら，幼児の発達を促していくための基本的な考え方や方法について，実践事例を取り上げて解説している。特に，「第2章　実際に連携を図るために」では，連携を図るために必要な5項目をあげている。

　幼児のための幼稚園と家庭との連携は，保育者自身による幼児の内面理解から始まり，それを家庭に伝えていきながら，一緒に受け止めることが連携の第一歩であるといえよう。このことは，現在の幼稚園にも当てはまるだけでなく，保育所や認定こども園においても同じことである。そしてまず連携においては，保育者による幼児の表面に現れる言動の内側に秘められた思いを察すること（幼児理

解）が重要といえる。

(2) 「家庭との連携」と「保護者に対する子育て支援」
― 『幼稚園教育要領』『保育所保育指針』『幼保連携型認定こども園教育・保育要領』より ―

　昨今は，都市化，核家族化，少子化，情報化，グローバル化など，社会の変化は加速度を増し，更には，人工知能の進化や深刻な自然災害など，複雑で予測困難な状況となっており，今後も更に予測困難な社会が待ち受けているかもしれない。そのような社会を幼児達が今後たくましく生きていくためには，園での教育・保育が，家庭や地域とより緊密に連携を取り合いながら展開されることが望まれる。2017年3月に改訂（改定）された幼稚園教育要領，保育所保育指針，幼保連携型認定こども園教育・保育要領においてもそのことが示されている。

1　幼稚園教育要領

　幼稚園教育要領での「家庭や地域社会の連携」については，1998年及び2008年に改訂された幼稚園教育要領では，第3章に配置されていたものを今回は第1章に配置された（第1章　第6・2）ことから，これまで以上に「家庭や地域との連携」を重視していることが伺える。

> 2（中略）また，家庭との連携に当たっては，保護者との情報交換の機会を設けたり，保護者と幼児との活動の機会を設けたりなどすることを通じて，保護者の幼児期の教育に関する理解が深まるように配慮するものとする。

　また，「幼稚園教育要領解説書」においては，保育者が，指導計画を作成して保育を行う際には，家庭や地域社会を含め，幼児の生活全体を視野に入れ，幼児の興味関心の方向，必要な経験等を捉え，適切な環境を構成して幼児の生活が充実したものとなるようにしなければならないとしている。そのためにも，幼稚園は，家庭での一人一人の幼児の生活について家庭から情報を得たり，幼稚園での生活の様子や一人一人の育ちの様子などを家庭に伝えたりしながら，幼稚園と家庭とが相互に幼児の望ましい発達を促すための生活を実現することが必要である。また，保護者の感情や生活態度に影響されやすい幼児が，安心・安定して園で過ごすためには，園や保育者が，保護者との信頼関係を築くことも大事になってくる。

2　保育所保育指針

　保育所保育指針では，家庭や地域社会との連携について，第2章4（3）として新たに項目を設けて，次頁のように述べている。

> **(3) 家庭及び地域社会との連携**
> 　子どもの生活の連続性を踏まえ，家庭及び地域社会と連携して保育が展開されるように配慮すること。その際，…

　また，保育所保育指針の第4章　子育て支援においては，次のように述べている。

> **1　保育所における子育て支援に関する基本的事項**
> **（1）保育所の特性を生かした子育て支援**
> 　ア　保護者に対する子育て支援を行う際には，各地域や家庭の実態等を踏まえるとともに，保護者の気持ちを受け止め，相互の信頼関係を基本に，保護者の自己決定を尊重すること。
> **2　保育所を利用している保護者に対する子育て支援**
> **（1）保護者との相互理解**
> 　ア　日常の保育に関連した様々な機会を活用し子どもの日々の様子の伝達や収集，保育所保育の意図の説明などを通じて，保護者との相互理解を図るように努めること。

　また，保育所保育指針解説において，① 保護者の想いを受け止めること，② 保育の意図を理解できるように説明すること，③ 保護者の疑問や要望には対話を通して誠実に対応すること，④ 保育士等と保護者の間で子どもに関する情報の交換を細やかに行うこと，⑤ 子どもへの愛情や成長を喜ぶ気持ちを伝えあうこと，が明記されている。更には，そのための手段や機会として，連絡帳，保護者へのお便り，送迎時の対話，保育参観や保育への参加，親子遠足や運動会などへの行事，入学前の見学，個人面談，家庭訪問，保護者会などをあげ，保護者の子育てに対する自信や意欲を支えられるように工夫することも記載されている。

③　幼保連携型認定こども園

　幼保連携型認定こども園教育・保育要領での家庭との連携については，第1章第2・2(3)コに，指導計画の作成上の留意事項の一つとして家庭や地域社会との連携の項目を起こして，次のように述べている。

> （中略）また，家庭との連携に当たっては，保護者との情報交換の機会を設けたり，保護者と園児との活動の機会を設けたりなどすることを通じて，保護者の乳幼児期の教育及び保育に関する理解が深まるよう配慮するものとする。

　また，第4章　子育ての支援において，次頁のように述べている。

11章　家庭との連携と保育者の援助

> **第1　子育ての支援全般に関わる事項**
> 　1　保護者に対する子育ての支援を行う際には，各地域や家庭の実態等を踏まえるとともに，保護者の気持ちを受け止め，相互の信頼関係を基本に，保護者の自己決定を尊重すること。
> **第2　幼保連携型認定こども園の園児の保護者に対する子育ての支援**
> 　1　日常の様々な機会を活用し，園児の日々の様子の伝達や収集，教育及び保育の意図の説明などを通じて，保護者との相互理解を図るよう努めること。

　更には，幼保連携型認定こども園教育・保育要領解説では，保育所保育指針解説同様に，相互の信頼関係を構築するポイントや具体的な手立てについて記載されている。

　このように，家庭と連携するためには，幼児の気持や行動の理解の仕方，心身の成長の姿を知らせることを中核におきながら進めていくことが求められる。すなわち，幼児の健やかな成長・発達を願いながら，幼児の生活を充実したものにするために，幼児を中心に据えて園が家庭と相互理解を図ることが「家庭との連携」である。そのためには，いかにして保護者と信頼関係を築くかが重要なカギとなるのである。

2. 幼児理解からはじまる「家庭との連携」の実際

　それでは，幼児理解からはじまる家庭との連携とは実際どのようなことなのだろうか。ここでは，なかなか自己発揮をして遊べずにいた幼稚園2年保育の4歳児女児（A子）をめぐっての10月から2月の保育実践例を取り上げて考えていく。

(1) 幼児の実態と保育者の幼児理解

> **幼児理解**
> **幼児の実態と考察**
> ＜10月のA子の様子＞
> 　A子は，入園当初から登園時に保護者から離れがたく，半年が経過してもなお，保育室で絵本を読んだり，椅子に座って周囲の友達の遊びの様子を見たりすることが多く，自分の好きな遊びを見つけるまでかなり時間がかかる。また，遊びも長続きせず，すぐに「疲れた」という。みんなで一緒の活動や身体測定など人前で裸になることを嫌がったり，更に偏食も見られたりする。
> ＜保育者の読み取り＞
> 　入園してから半年がたち，気の合う友達もできて4，5人で遊んでいるが，A子は，まだ園生活に何かしらの不安を感じているようだ。また，保護者自身もA子のことが心配で離れがたい思いでいるのではないか。

2. 幼児理解からはじまる「家庭との連携」の実際

保育計画

A子への保育者の願い（○）と援助の方向（◆）

＜保育者の願い＞
○園生活に親しみを感じ，安心して園生活を送るようになる。

＜援助の方向＞
◆副担任や養護教諭も気にかけており，A子も親しみを感じているようなので，連携して援助に当たる。
◆園生活に見通しを持ち，安定して過ごせるように，登園時に丁寧にかかわるようにする。
◆A子のペースに合わせながら，好きな遊びややってみたい遊びを探る。
◆保護者に園生活の様子を細かに伝えるようにする。

(2) 保育の実際と家庭との連携

実践 ＜担任の保育記録より＞

実際の保育

[10月18日]
・天候も良く，ほとんどの幼児達が外に出て，砂や土や泥，落ち葉や木の実など自然素材を用いて，思い思いに遊んでいた。しかし，なかなか遊びが見つからずにいたA子。「外の探検に行ってみない？」と誘ったところ「泥んこはしないけど，行ってみる」とのってきた。落ち葉や木の実拾いに出かけると，落ち葉や木の実で壁飾りを作っているクラスの友達や副担任と出会い，「私もしてみたい」といってA子も加わる。

[10月21日]
・先週休んでいたB子が登園してくると，A子はさりげなくB子に近づき，その後一緒に絵本を見たり園庭に出て先週楽しんだ壁飾り作りをしたりと，一緒にいる姿がよく見られた。

A子の考察

・近頃，A子にはなんとなく傍らに友達がいる姿が見受けられるようになり，先日は土や泥に触れて遊んでいた。しかし，今日はその友達が欠席したこともあり，自分から遊びだせずにいたのではないか。二人の会話は少ないが，A子にとっては安心する友達なのではないだろうか。A子は，まだ不安定というよりも，むしろ，一緒に遊びの楽しさを共有する友達ができつつあり，本人もそれを求めている時期と捉えられるのではないだろうか。

省察

保育者の省察・幼児の再考察

・A子について，これまでは園生活に不安があってなかなか遊べずにいると捉えていて，「好きな友達と自分の思いを出しながらかかわって遊ぶようになる」とこの時期の4歳児のねらいにA子はまだほど遠く，まずは，「自分の好きな遊びを見つけて安定してほしい」という入園当初と同じような願いを持っていた。しかし，A子の様子から，ただ不安で遊びを見ているのではなく，好きな友達と一緒にいたいという思いで周囲

11章　家庭との連携と保育者の援助

の遊びや友達を見ているのではないだろうか。だとすれば，A子の育ちはこの時期の4歳児の育ちと同じであり，援助の方向にも修正の必要があるようだ。

保護者との対話
・保護者に対してこれまでは，A子の園生活の様子を伝えていただけだったので，この時期の4歳児の育ちと同じように，好きな友達やかかわってみたい友達もいることや，言葉によるコミュニケーションよりも，言葉はなくとも何気なく近づいて，いつの間にか一緒にいるといったA子なりの友達とのコミュニケーションの取り方があることなど，A子の園生活の様子から読み取れる育ちについて伝えた。すると，保護者は，入園して半年もたつのに，まだ離れがたい様子のA子のことが心配のようであった。

保育計画
修正したA子への願い（○）と援助の方向（◆）
○好きな遊びを好きな友達と楽しむことで，安定して過ごすようになる。
◆A子が安定する場所や人，好きな遊びややってみたい遊びを探り，気の合う友達と一緒に楽しめる環境を工夫する。
◆保護者に園生活の様子を伝える際に，A子の成長が伝わるように話し，保護者自身の不安も取り除いていくようにする。

実　践 ＜養護教諭の保育記録より＞
実際の保育［11月25日］
・保育室に行った時，A子のほうから手を握ってきた。そこで一緒に風邪予防の掲示板作りに誘うがすぐに飽きてしまった。昼食後，昇降口での長縄跳びが始まり，様子を見に行くと，幼児達だけでは長続きしなかったので縄を回すことになり，そこにA子も加わる。一人だけ4歳児の女児が連続して跳べたが，他は2，3回しか続かない。A子は，縄の動きに関係なく，その場で同じリズムでウサギ跳びのようにジャンプするだけだったが，何回も列に並んで楽しそうに自分の順番を待っていた。

A子の考察
・あれほど「疲れた」が口癖で，ひとつの活動が長続きしないA子なのに，なぜ，足が痛いといいながらももっとやりたいといって，列に並んで順番を待ち何度も挑戦していたのだろうか。とにかく，この長縄跳びがA子を変えるきっかけにならないだろうか。

実　践
実際の保育［11月28日］
・登園時にあまり元気なく保護者と登園するA子。縄跳びに興味があるようで，何度も挑戦していた様子を保護者に伝え，A子にも頑張っていたことを称賛すると「今日もやりたい」といって明るい表情になり，保護者からすんなり離れて保育室に入った。健康観察をしながら保育室を回っていると「縄跳びがしたい！先生

のお仕事が終わったらしようね」と話しかけてきた。午前中は長縄跳びを楽しみ，午後は遊戯室でマット遊びをし，前転を披露してくれた。思ったよりもうまく回っていて驚いた。

A子の考察
・長縄跳びがしたいと，自分の気持ちを言葉で表現するようになったA子。一緒に長縄跳びをしてほしい気持ちはあるものの，「先生は今，お仕事をしている時間」と，相手の立場を考えられるようにもなり，成長が感じられる。マット遊びも好み，実は，体を動かす遊びが得意なのかもしれない。

省察

保育者の省察・幼児の再考察
・A子にとってB子といった友達の他に，いつも受容的に接してくれる養護教諭の存在は大きいようだ。養護教諭ともさらに連携していきたい。
・A子に対して，ままごとや制作などが楽しめるような環境作りや援助を考えてきたが，実は身体を動かして遊ぶことが好きなのではないだろうか。A子の興味ある遊びの捉えがずれているのではないだろうか。

保護者との対話
・今日の登園時の様子を話題にしたり，養護教諭とのかかわりの中で自己抑制する様子を伝えたりしたことで保護者は少し安心した様子であった。
・保護者に縄跳びやマット遊びの様子を伝えると，家庭でも兄や姉を相手に相撲をしたり，蒲団の上で前転をしたり，公園などではよく追いかけっこや滑り台やブランコなどを楽しんだりと，身体を動かして遊ぶことはよくみられるとのことだった。

保育計画

修正したA子への援助の方向（◆）
◆子どもが主体的に遊ぶ時間に運動要素のある遊びやゲームを取り入れたり，時にはそれらをクラスみんなで楽しんだりすることも取り入れ，A子が意欲的に取り組もうとする環境を作っていく。

(3) その後のA子と保護者

　A子は，12月発表会で，長縄跳びの披露を自ら志願し，見事に跳んで見せ，有能観や満足感を得ることができたようだ。また，1月には，相撲を楽しむようになり，クラスチャンピオンにもなった。2月には，転がしドッジボールや鬼ごっこなどを男児と楽しむ姿も見られ，表情も明るく，友達との会話もよく聞かれるようになり，自己発揮して園生活を送るようになっていった。保護者も発表会でのA子の姿を見てから，少しずつ表情が明るくなり，登園時に多少A子が離れがたくしていても，担任や養護教諭に託し，「じゃあね，バイバイ」といっ

11章　家庭との連携と保育者の援助

【幼児理解】
・A子はまだ園生活に何かしらの不安があるのではないか。

［保護者理解］
・保護者自身もA子のことが心配で離れがたいのではないか。

【保育計画】
○安心して園生活を送るようになる。
・登園時に丁寧にかかわる。
・A子のペースに合わせながら好きな遊びを探る。
・ほかの保育者や養護教諭とも連携を図る。

［保護者への対応の仕方］
・園生活の様子を詳細に伝えるように心がける。

【保育実践】B子とのかかわり
・A子は園生活に不安を抱いているというよりは，一緒に楽しさを共有する友達が欲しいのではないか。

【省察】
・A子の育ちの捉えを4歳児の始めだと思っていたが，その捉えが違っているのではないか。

［保護者への対応］
・A子なりのコミュニケーションの取り方で友達とかかわろうとしていることを伝える。

【新たな幼児理解】
・A子も他の4歳児と同じように，友達関係を模索している時期と捉えられるのではないか。

［保護者の反応］
・園生活の様子よりも，登園時に離れがたくしていることの方が心配である。

【保育計画】
○好きな遊びを好きな友達と楽しみ，安定して過ごすようになる。
・気の合う友達と一緒に楽しめる環境を工夫する。

［保護者への対応の仕方］
・A子の成長が伝わるように話し，保護者自身の不安も取り除くように心がける。

図11-1　A子の幼児理解からはじまる家庭との連携　その1

2. 幼児理解からはじまる「家庭との連携」の実際

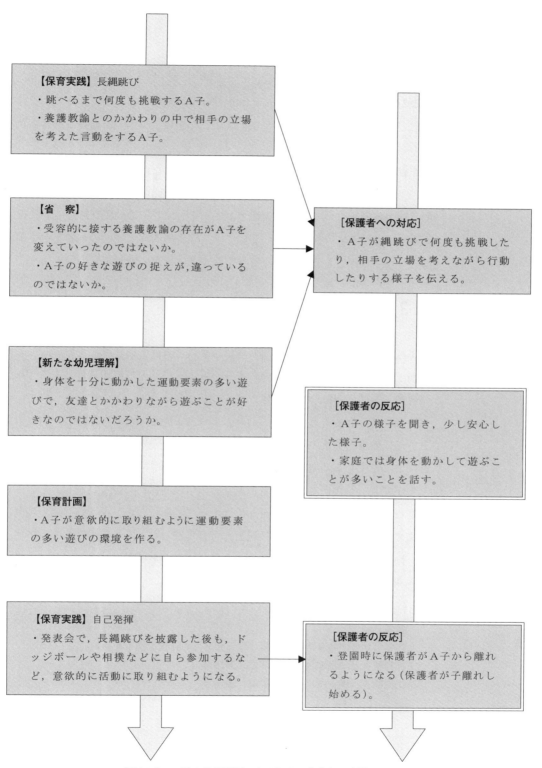

図 11-2　A子の幼児理解からはじまる家庭との連携　その2

て保護者の方から離れるようになった。すると A 子も気持ちを切り変えたかのように，保育室にサッサと向かうようになったのである。

(4) 実践事例から見えてきたこと

　この事例から，わが子の成長を保護者自身が実感することによって，子育てに自信を持ったり，少しずつ親として自立したりしながら，保護者自身も成長していく様子がうかがえる。

　保育者は，幼児のよりよい成長のために，様々な保育の課題を一人で抱え込まず，同僚と連携したり，時には家庭生活の様子を聞いたりすることによって多面的に幼児理解していくことが大切である。そして，その幼児理解をもとに保育計画を立てながらも，保育実践においては，保育の内容，援助の方向などを絶えず修正しながら保育を行っていくことが保育者には求められるともいえよう。

3. まとめ

　実践事例をもとに，幼児理解からはじまる「家庭との連携」を整理してみたのが図11-1・2である。この図からも分かるように幼児理解からはじまる「家庭との連携」とは，やはり日々の保育に基づいた幼児一人一人の育ちについていかに保育者が読み取ることができ，幼児のより良い成長のために保育者が自己の保育をいかに省察して次の保育に備えることができるかが大切である。さらには，それによって生じる幼児のちょっとした変化を見逃さずにいかにして家庭に伝えることができるか否かで，保育者と家庭との信頼関係作りをも左右し，そのことが良好な家庭との連携を築くか否かにかかってくる。しかしながら，幼児理解はあくまでも推測にすぎないため，絶えず保育実践しながら，保育者自身が省察したり，同僚と幼児理解を深めたり，更には，保護者との対話によって幼児を多面的に捉えたりすることが大事である。

参考文献
文部省『幼稚園教育指導資料第2集「家庭との連携を図るために」』1992年
文部科学省『幼稚園教育要領解説』2018年
厚生労働省『保育所保育指針解説』2018年

12章 保育者の省察を促すための保育記録

▶ ・保育のプロセスをなぜ記録するのか，その意義について知る。
・保育にはどのような記録があるのか，その方法を知る。
・保育の記録をどのように生かすのか，その学びについて考える。

1. 保育における記録の意義

　保育における記録は，その日の幼児の様子や出来事，連絡事項等，日々行うものであり，保育者の最も重要な業務の1つとなっている。そもそも保育は幼児の遊びや生活の連続性の中で営まれ，その過程を記録することは保育を振り返る機会となる。

　幼稚園教育要領では，「指導計画の作成上の基本的事項」〔第1章 第4・2〕において，「幼児の実態及び幼児を取り巻く状況の変化などに即して指導の過程についての評価を適切に行い，常に指導計画の改善を図る」とされている*。また，保育所保育指針では，「保育士等は，保育の計画や保育の記録を通して，自らの保育実践を振り返り，自己評価することを通して，その専門性の向上や保育実践の改善に努めなければならない」〔第1章 3 (4) ア (ア)〕とされている。ここでは「乳幼児の成長・発達の記録」や「自らの保育の記録」を，実践の振り返りや自己評価に活用することが求められている。

　ショーンは，教育者がその実践の最中に自らの意識の中で「反省的洞察」を行っており，行為そのものに効果を与えているとする「反省的実践（reflective practice）」を唱えている[1]。またショーンは，こうした洞察を「行為の中の反省」とし，その行為者を「反省的実践家」としている。保育者は，保育中（前後）自分の実践について，意識的（あるいは無意識）に反省的な洞察を行っているのである。倉橋惣三も「反省を重ねている人だけが，真の保育者になれる。翌日は一歩進んだ保育者として再び子どもの方へ入り込んでいけるから」と，評価や省察の重要性を述べている[2]。

　鯨岡峻は本来的な保育の記録は「経過記録」とは明らかに異なるとして，「保

＊ 幼保連携型認定こども園教育・保育要領〔第1章 第2・2 (2) (ウ)〕にも同様の内容が記載されているので参照されたい。

育者の心が揺さぶられた場面」「保育者が描きたいと思ったもの，あるいは描かずにはおれないと思った」際に書かれる「エピソード記述」を重視している[3]。そして「エピソードの描き出されている子どもたちの微笑ましい姿や行間から推し量られるこの保育の柔らかい雰囲気」こそ，保育で大切にされるべきとし，このエピソードを他の保育者等と共有することによって，さらなる学びとなるとしている。また，上垣内伸子は「何をどのように記録するか，記録の内容には自分の保育観・児童観・発達観が反映されているので，それを自覚することが自分自身の保育の変革にもつながっていく」としている[4]。

ニュージーランドでは，保育者が「ラーニング・ストーリー」（学びの物語）といわれる幼児の育ちのエピソードをまとめ，それを「ポートフォリオ」というファイルにまとめて自由に閲覧できるようにしている。ラーニング・ストーリーは，① 幼児の学びや気付きの姿を記録する，② 記録の中から幼児がどんな学びをしているのか，どんな気持ちかを読み取る，③ 他の保育者や保護者にも分かるように自分の振り返りを整理する，④ 保育者が読み取った内容をスタッフ全員で話し合う，⑤ 保育者の援助はどうかを焦点を当てて省察する，⑥ 話し合いから次の手立てを見出す，⑦ 作業の過程をポートフォリオに綴じていく，ことである。その目的は，「幼児の姿を描き，幼児の状況を知り，最善の対応を共有し合うことによって新たな学びの課題を見出していく」ことである[5]。

このように，保育における記録は，日々の幼児の育ちの確認をするとともに，長期的に幼児や保育を理解するための重要な資料である。一方で自身の保育への思いや，自身の保育活動の振り返り・評価を行う行為でもある。また，記録は，幼児の育ちを記録しながら，実践者としての実践の振り返りや育ちまでも記録する。すなわち，「幼児の育ちの評価・記録」の側面と，「保育における自己評価」という2つの側面がある。保育の実践の質を高めるために，今まさにこうした記録のあり方が問われており，日常的なルーティンワークとしてではなく，質の向上のための記録の作成と活用のあり方を検討することが今求められている。

＊記録を保育に生かすための挿話①　幼児の側面を見る

5歳児さくら組のきょうこ先生（以下，K先生）は，最近がんたくんの様子が気になっています。

K先生：最近がんたくんがなんだかあれていて…。今日も砂場でけんかしたんです。そうしたら，クラスのみんながもうがんたくんと遊ばないっていって…。

園　長：最近けんかが多いようだね。なにかあったのかな。それじゃあ，これまでの記録を集めてまとみたらいいよ。「こんなエピソードがあった」というのもあるといいね。

K先生：そうですね。記録はあるので整理してみます。エピソードもいくつかあるかなあ。

園　長：みんなが見るからといって，気負わなくてもいいよ。ありのままの姿を，そのまま書いてみて。

K先生：はい。記録を整理してみんなで検討してみれば，何か見つかるような気がしてきました。

図12-1 それぞれどんな思いでイモの皮むきをしているのか，を考察する

2. 記録の様々な方法*

(1) 日常的な保育の記録

　日常的な保育記録は，基本的には① 幼児の出欠席の人数，② 保育の過程，③ 特筆事項（幼児の状況その他）などを記述する。日々継続的に記述することや必要な状況の記録に努めることが求められるが，その日の様子を記録する場合でも，人数や活動の流れを記録するだけでは，無味乾燥なものとなってしまう。後に振り返り，思い出せるような情報を盛り込み，時に写真やエピソードを加えるなど，職員間で共有できるような記述が必要である。

＊ 1つの事例をもとに，エピソードをまとめたり，振り返り自分の気付きを整理する。①幼児がどんなことに関心を持っているか，②これまでの育ちから，どのような意味を持つか，③幼児の学び，④保育者のかかわり，などをまとめる。

> ＊記録を保育に生かすための挿話②　記録にまとめてはじめて気付くこと
> 　K先生は，記録をまとめてみて，ふと気付いたことがありました。がんたくんが荒れるときにはいつも共通している状況があったのです。
> 　K先生：園長先生，がんたくんのことで，気付いたことがあったんです。先月は，お母さんがご実家に帰られている間で，今週もそうだったみたいなんです。いつもはブロック遊びをしていることが多いのですが，けんかになる時は，決まって他のみんなと遊んでいる場面のようです。
> 　園　長：そうしたらがんたくんの保護者の方にも，様子をうかがってみるといいね。

(2) エピソード記録

　エピソード記録とは，保育の中の具体的場面やかかわりについて，幼児との様子，やり取りなどを，そこに関係する人物の行動やかかわりの展開に留意して記述したものである。幼児とのかかわりや幼児の育ちのエピソードをまとめ，振り返ることで，後からその行為や出来事の何らかの意味や背景が見えてくることもある。エピソード記録は，幼児や保育者を主体に「あるがまま」を記述することが大切であるが，主観的な記述となりやすいため，鯨岡は3つの態度（脱自的にみる態度／感受する態度／第3の態度）が必要だと述べている。日々過ぎ行く保

育の中で，特に心を打った出来事や，普段何気なく省察したことを，幼児とのかかわりを自身から少し離れて振り返り，かかわりの主体としてあるがまま受け止め，かつ様々な観方で振り返り，文章にすることからはじまる。

　エピソードを記録する際には，① そのエピソードについて，これまでの幼児の様子，② かかわりや育ちのエピソード，③ 考察の手順でまとめる。

＊記録を保育に生かすための挿話③　エピソード記録の例

（経過）がんたくんは，普段はおだやかな性格で，室内でブロック遊びをすることを好んでいた。年下の幼児とともに遊ぶことが多く，ロボットや武器などを懸命につくっていることが多い。とりあいになることは少ない。4歳の冬，夕刻に砂遊びをしている時に怒って砂を投げつけ，けんかになり，止めに入った保育者にもつかみかかり，1時間以上暴れたことがあった。進級すると，友達との葛藤から週に1〜2回つかみ合いのけんかになっている。

（エピソード）先週，こうじくんと突然つかみ合いのけんかになった。がんたくんはこうじくんの髪の毛をつかんで離さない。こうじくんは髪をつかまれながらもがんたくんを激しく蹴っている。危険だったので，急いで止めに入ったのだが，今度は私の腕につかみかかってきた。爪を立てられ，髪の毛を引っ張られて動けなくなってしまった。「痛いからやめて」と何度伝えても全く動かなかった。その後，保育室中のいすをすべて反対にひっくり返し，テーブルもひっくり返した。まだ気持ちが治まらなかったのか，カーテンを下から引っ張り外した。その後床にぺたんと座りこんでしまった。

落ち着いたところで，双方にけんかの時の状況を聞いてみると，こうじくんは「やられたからやりかえした」といい，がんたくんは「悪口をいったから」だと主張した。

（考察）がんたくんのけんかの原因は，誰かに何かをいわれて，言い返せないような状況の時に起こることが多い。そして，いったん怒りが頂点に達するとなかなか治まらない。最近はお母さんではなく，おばあちゃんがお迎えの機会が増え，なかなかお母さんと情報交換ができていない。

今回は，止めに入った私につかみかかってきたり，いすやテーブルをひっくりかえしたりする様子やひとしきり暴れた後で，脱力したように座り込んだ様子も気になった。家庭での様子を聞いてみたいと思っている。クラスのみんなにもけんかについて投げかけて話をしてみたいと考えている。

（3）映像による記録

　映像（写真やビデオ）を用いた記録は，保育の様子をありのままに記録するため，後になって振り返り，評価や研修に生かすことができる。映像を見ることによって，他者との共通理解が進み，普段見えない新たな気付きが可能となる。

　一方，撮り手である保育者の視点が大きく反映されることを考慮する必要がある。記録＝実践そのものではないため，「その場面」しか写さず，それまでの経緯や幼児の内面，具体的なかかわりややりとりについては補足しなければならない。

1 動　画

　保育の様子を動画に記録し，研修等に生かすことは，保育のありのままの経過が可視化され，効果的である。たとえば，① 保育中には見えなかったことを見直すことができる，② 保育者が共通の題材やイメージで考えや視点を交わすことができる，③ その場にいなかった保育者にも，明確に伝わる，などである。撮影の方法は，カメラを定点に据え置き，全体を記録する方法と撮影者が自身の視点で記録する方法がある。

2 写　真

　保育の写真は，その前後のかかわりや状況を文章や口頭で加えることによって，ビデオ記録同様，直接的かつ効果的な記録となる。その際のエピソードを加えると，ケース会議や，保育の質を高めるための園内研修がより具体的に進んでいく。どのような場面を記録したかによって，撮影者の視点や保育観がにじみ出る。

(4) ポートフォリオ・ドキュメンテーション

　保育のプロセスや成果の可視化の手段の１つとして，ポートフォリオやドキュメンテーションといった手法が活用されている。ポートフォリオは子どもの成長の軌跡を追うためのファイルであり，ドキュメンテーションは，保育の意図や内容について写真を使い可視化した記録である。いずれも保育の意図やプロセスを保護者にも分かりやすく伝える効果がある。

図 12-2　ミミズを見つけた子に寄り添い見守る保育者。どんな意味を見出すか

図 12-3　同じ物で楽しむ様子から，その行為の意味を考察する

(5) 計画についての評価の記録

　保育の計画は，子どもの姿や保育の評価に基づいて立てる。これは，保育実践のPDCAサイクルのC「評価」・A「改善」の過程であり，前の評価・記録なく

して，次の計画の立案はできない。そのため，全体的な計画の作成（教育課程の編成），長期的な計画（年間指導計画・月間指導計画）の作成，短期的な指導計画（週案・日案・週日案）の作成には，子どもの姿や評価の記録を生かして行うことが求められる。

3. 記録の内容

保育における主な記録は，以下のようなものが考えられる。

① 保育の過程の記録：保育日誌等に継続的に記述される。また，保育の評価を記録することも必要である。行事や特定の活動等の記録も行われる。

② 幼児の育ちの記録：幼児の個別記録は，一人一人の幼児の育ちを継続的に記録する。日々の記録から取り出して記録することが求められる。また，健康診断や歯科健診等の育ちの記録の作成も行われる。

③ 保護者の記録：やりとりや相談の内容等を記録する。連絡帳等を通したやり取りの記録もある。また，保護者へのアンケートの結果，苦情への対応，保護者からの意見等の記録もある。育児に関する相談の記録は後に参照できるようにし，個別支援が必要な場合，個別のファイルを作成する。

④ アセスメント：子どもや保護者の状況を面談等をふまえて「アセスメントシート」に記録し，保育や援助に生かしていく。

⑤ 運営管理の記録：安全・衛生管理や事故防止の取り組み等の記録がある。けがや事故の報告をまとめて記録したり，「ヒヤリ・ハット*」を記録したり，事故防止に役立てるための記録を行う。

⑥ 会議・研修の記録：職員会議の議事録（職員会議・クラス会議・ケース会議等）は全職員が回覧できるようにする。研修（内部研修・外部研修）の記録は，一人一人の保育者の学びを記録する。外部研修は，習得した技術や内容が伝達されるよう報告したり，報告書を閲覧できるようにする工夫が必要である。

⑦ 園全体の保育の記録・おたより：おたよりや年度末に保育に関する園全体の冊子の作成，ホームページやブログ等の情報を発信する場合がある。

⑧ 教育の記録：実習，ボランティア，体験学習等の計画・実績の記録，実習生やボランティアの書いた報告や感想文，書類などの記録等，保育者や次世代育成のための実習教育等への取り組みの記録がある。

⑨ 地域・関係機関との連携等の記録：㋐ 地域や近隣との交流，自治会や民生委員との協力の記録，㋑ 子育て支援の参加者とのやり取りの記録，㋒ 関係機関との連携等の記録，㋓ 関係機関や地域の関連する機関・関連の施設

* ヒヤリ・ハット：事故にはいたらないもののミスや突発的な事態にヒヤリとしたりする事例をまとめたもの。

文部科学省では，「学校の安全管理に関する取組事例集」（2003年6月），「学校の危機管理マニュアル－子どもを犯罪から守るために－」（2007年11月），「学校施設における事故防止の留意点について」（2009年3月），など多くのガイドラインが出されている。

社会福祉施設に対しては，2002年4月22日に「福祉サービスにおける危機管理（リスクマネジメント）に関する取り組み指針－利用者の笑顔と満足を求めて－」というガイドラインが出されている。

等の情報を整理してファイルし，職員が閲覧できるようにする。子育て支援等の活動に際しては，個別の相談内容等を記録し，必要な場合は関係機関との連携が求められる。さらに，小学校との連携（行事や懇談・研修等），障害をもった幼児についての関係機関との連携，児童虐待が疑われるケースやその見守りを行う場合の関係機関との連携の記録等もある。

⑩　その他：自己評価，外部評価，第三者評価等，質の向上への取り組みとその結果等について記録することも求められる。

4. 記録を用いた評価・研修

(1) 記録から取り出して評価を行う

日々の保育記録・個人記録等から，幼児の状況を取り出して，期ごとや年間等一定期間の評価をすることを「取り出し評価」という。取り出し評価に際しては，保育日誌や個人記録等，日常的な幼児に関する記録を活用しながら記入する。この場合，しっかりした日々の保育の記録がなければ根拠があいまいになるため，記憶だけを頼りにした記録とならないようにしたい。

1　要録の作成と送付[*1]

幼稚園幼児指導要録は，学校教育法施行規則第12条の3，第15条に規定され，幼稚園に作成と保存が義務付けられており，それぞれの園で記入の様式を創意工夫し作成し，就学先へ送付する。指導要録は，「学籍に関する記録」（入園や学籍の移動について記入）と「指導に関する記録」（①　ねらいと発達の状況／②　指導の重点等／③　指導上参考となる事項／④　出欠の状況）があり，就学時に「指導要録の写しまたは抄本」を小学校に送付する。

保育所児童保育要録は，2009年度より作成と小学校への送付が保育所に義務付けられた。小学校との連携[*2]・情報の共有のため「子どもの育ちを支えるための資料を保育所から小学校へ送付」するものであり，施設長の責任の下で担当保育士が入所に関する記録，及び保育に関する記録を記載し，就学先に送付する。入所に関する記録とは，①　児童名・性別・生年月日，②　保育所名・所在地，③　児童の保育機関（入所／卒所年月日），④　児童の就学先（小学校名），⑤　施設長及び担当保育士名である。保育に関する記録は，①　子どもの育ちにかかわる事項，②　養護にかかわる事項（ア：生命の保持・情緒の安定にかかわる事項／イ：子どもの健康状態），③　教育（発達援助）にかかわる事項（子どもの保育を振り返り，保育士の発達援助の視点等を踏まえたうえで，最終年度における心情・意欲・態度等について記載）である。

*1　幼保連携型認定こども園では，同様に「幼保連携型認定こども園園児指導要録」の作成と送付が義務付けられている。「幼保連携型認定こども園園児指導要録について」（2015年1月27日，内閣府・文科省・厚労省通知）

*2　小学校との連携：「小学校学習指導要録」（平成20年文部科学省告示第27号別添2）に，小学校と保育所の連携が新たに盛り込まれた。これによって小学校・保育所・幼稚園の連携や連絡協議会の設置等，一層の連携が図られる。
「保育所や幼稚園等と小学校における連携事例集」（文部科学省，厚生労働省2009年3月）には，各地の幼小連携，保小連携，幼保小連携の事例が示されている。

(2) 記録を生かした研修を行う

1 記録を基に保育者の実践知を引き出すための内部研修

園内研修[*1]等の際，エピソードや映像の記録を基に行うことでより効果的な研修が可能となる。日々の保育実践の中で，個々の保育者，あるいは園全体に積み重なった知識や技術（実践知）があり，その「知」を明確にするためにも記録を生かした研修のあり方が重要となる。職員の研修を考える際，こうした埋没しがちな「実践知」を引き出すための記録の工夫や活用が求められる。

2 個別のケースに対応する

子どもの遊びの様子や子どもの姿，保育者のかかわりや援助について話し合ったり，気になる幼児のケースや家庭への支援も必要なケース，特別な配慮を必要とするケース等，個々の幼児の事例について検討したりする機会を「保育カンファレンス」「ケース会議」という。これらの研修は，担当者だけでなく，様々な立場の職員が参加し，それぞれのかかわりの状況や考え方等を検討し合い，子どもへの理解やかかわり方，職員の専門性を深めるための機会である。この場合，職位や立場に関係なく，その関係する幼児を中心に考え，率直に意見を出す

*1 保育所保育指針（第5章 3）には，「日常的に職員同士が主体的に学び合う姿勢と環境が重要であり，職場内での研修の充実が図られなければならない」とされている。

*2 3人の幼児が，
① それぞれどのような経過をたどって，このようなかかわりをしたか，
② 遊びの展開や，気持ち，育ちなどについて，まとめたり意見を出しあう。

図12-4 何を狙っているのかな[*2]

＊記録を保育に生かすための挿話④　ケース会議にて

K先生は，「これまでの経過」「エピソード」「考察」をまとめて，ケース会議に出しました。すると，他の職員からは，いろいろな意見が出ました。
A先生：砂場で暴れた時には，お母さんが1週間実家に帰ったからだったって後でわかったんです。
主　任：いつも年下の子どもとブロック遊びをしているときは，とてもやさしいところがあるわ。
B先生：私が遅番の時，最近お迎えはいつもおばあちゃんだから，きっとお母さんも忙しいのよ。
園　長：保護者ともよく話をしてみよう。がんたくんのいいところをみんなで見つけていこうか。
K先生：（私には見えていなかったことをみんな見えているんだ）さっそく，保護者の方と話してみます。なるべくよいところを伝えてみようと思います。

ことが前提である。留意点として，① 相手を批判しない，② 意見の優位性を主張しない，③ 様々な意見に耳を傾け正解を求めない，④ 自分の意見を相手に押し付けないこと，等があげられる。

(3) 改善に生かすための記録作成の留意点，自己評価・外部評価[*1]との関連

幼児の育ちを記録する際の留意点は次のような点にある。

① 保育活動・保育環境とのかかわりの中で，一人一人が記録されているか。
② 内面を捉えた記録であるか。
③ 様々なかかわりや場面が考慮された多面的な記録であるか。
④ 一人一人の良さを捉えた記録であるか。
⑤ 発達の特性を理解した上で一人一人の発達に配慮した記録であるか。
⑥ 短期的視点の記録に終わらず，継続的に長い目で見た記録となっているか。

近年，保育の質の向上が強く求められるようになり，自己評価を基に外部評価，第三者評価を行う機会も多くなってきている。

1 幼稚園における学校評価ガイドライン[*2]

2009年に幼稚園における自己評価のガイドラインが文部科学省より示された。ガイドラインの概要は，① 評価の考え方，② 教職員による自己評価と公表，③ 保護者等，学校の関係者による評価と公表，④ 評価結果の公表・説明，⑤ 設置者への報告である。その後，2011年には，上記に加えて⑥ 第三者評価等の項目が加わる形で改訂された。

幼稚園におけるガイドラインの特徴は，保護者や地域の関係者を含めた学校関係者評価を行う点にある。年に数回評議員会等を開き，説明し，評価・公表を行っていく。

2 保育所における自己評価ガイドライン

2009年に，保育所における質の向上のための自己評価の努力義務化を背景として，「自己評価ガイドライン」が示された。その後，指針の改定を受ける形で，2019年に改訂版（試案）[*3]，ハンドブック（素案）[*4]，事例集（案）[*5]が作成された。今後，現地での調査等を経て確定版が出される。

ガイドラインの概要は，① 自己評価の概要，② 保育士による自己評価，③ 保育所による自己評価，④ 自己評価の展開，⑤ 結果の公表，である。特に，「自己評価の展開」では，記録の活用や自己評価の具体的な進め方が示されている。

保育所保育指針では第1章総則3（4）「保育内容等の自己評価」に保育士の自己評価及び保育所の自己評価が示されている。

[*1] 幼稚園における学校評価とは，次の3つが考えられる（「幼稚園における学校評価ガイドライン」より）。
① 自己評価
② 学校関係者評価（保護者，地域住民等の学校関係者などにより構成された評価委員等）
③ 第三者評価

[*2] 文部科学省「学校評価ガイドライン」2011年

[*3] 厚生労働省「保育所における自己評価ガイドライン改訂版（試案）」2019年

[*4] 厚生労働省「保育所における自己評価ガイドラインに関するハンドブック（素案）」2019年

[*5] 厚生労働省「子どもを中心に保育の実践を考える～保育所保育指針に基づく保育の質向上に向けた実践事例集（案）」2019年

5. まとめ

　保育の中で行われる記録は，単に保育の経過を記すだけでなく，日々の幼児とのかかわりや営みを記録することに意味がある。したがって，幼児理解の上で作成された保育の計画に基づく保育実践を様々な角度から省察し，次の計画や実践にフィードバックできるものでなくてはならない。重要な点は，① 日々続けて記録できる「継続性」のある記録であること，② 他者と分かち合い学び合い，共有できる記録であること，③ 保育の実践から振り返り，その時のかかわりや思いが省察できる記録であること，④ 保育の改善に結びつき次の保育のヒントとなる記録であること，そして⑤ 自身の「保育観」を創る，あるいは再認識することにつながる記録であること，である。

　一方で記録することは「自分の保育実践と向き合う」ことでもある。うまくいったことばかりではなく，時には反省し自分の力のなさを痛感したりすることもある。「なぜそうしたのか」「その結果どうなったのか」「それをどう考えるのか」等を振り返り，自己の保育を評価することでもある。時には時間と労力をかけたり，他者の目に触れることに抵抗感を感じることもあるかもしれないが，積み重ねていくことではじめて見える真実もある。我々保育者は，「なぜ記録するのか」という意義を明確に持ち，次の保育につながる意味ある記録を心がけていきたい。

引用文献
1) ショーン，D., 佐藤 学・秋田喜代美訳『専門家の知恵』ゆみる出版, 2001年
2) 倉橋惣三『育ての心（上）・（下）』フレーベル新書12・13, 1998年
3) 鯨岡 峻・鯨岡和子『エピソード記述で保育を描く』ミネルヴァ書房, 2009年
4) 森上史朗・柏女霊峰編『保育用語辞典』ミネルヴァ書房, 2009年
5) 保育・子育て総合研究機構研究企画委員会『保育園における「子どもの育ちと学びの分かちあい」への招き』社団法人全国私立保育園連盟, 2008年

参考文献
柴崎正行『保育所児童保育要録＆幼稚園幼児指導要録記入ガイド』ひかりのくに, 2009年
全国保育士養成協議会現代保育研究所編『やってみよう！私の保育の自己評価』フレーベル館, 2009年
森上史朗『幼児教育への招待』ミネルヴァ書房, 1997年

13章 保育者の省察とカンファレンス

▶・保育者の省察とは？
・カンファレンスとは？
・個人の省察と共同の省察

1.「省察」と「カンファレンス」

(1) 省察とは何か？

　本章ではPDCAサイクルのC（Check）の部分，つまりD（Do，保育実践のこと）の部分と，A（Action，次の保育へとつなげる行動）の部分を緊密につなげていくために必要な事項について解説する。
　では，省察することとはどのような行為を指しているのだろうか？
　＜保育を省察する力＞とは，保育者が自分の実践を振り返り，その妥当性や是非を考える力として捉えることができるだろう。たとえば，自分が園の保育者として働いているところを想像してほしい。園での一日は，非常に多忙である。幼児達が登園してくる前までにその日の準備を行い，遊びにかかわり，いざこざにかかわり，食事にかかわり……。その場その場で展開していく出来事に対応していくだけで，一日一日が過ぎ去っていってしまう。そのような時，たとえばお弁当の時間に間に合わせるために盛り上がっている遊びを終わりにするなど，次のスケジュールのために今のかかわりを終わらせてしまうことがあるのではないだろうか。このように目の前の忙しさに忙殺されてしまうと，急いで目の前のけんかを終わらせたり，また砂場遊びには同じようにしかかかわらないということになってしまう。だが，本当にそのけんかを保育者の一言で終わらせてよかったのか，あるいは砂場遊びも違う展開の仕方があるのではないか，という様々な展開の可能性，援助の可能性がある。
　そこで時の流れに身を任せるのではなく，その日その時の保育実践を思い起こし，本当にその場面でのかかわり方でよかったのかどうかという是非や，それ以外のかかわりの可能性はなかったのかどうかという妥当性を検討する必要があ

る。この行為を通して，ではどうすれば良かったのか，あるいは他の可能性を考察し，知識として蓄えておくことが次の保育に生かされることになる。これが保育を省察することの必要性である。つまり，保育を省察するとは，ともすれば流してしまいがちな日常を振り返り，妥当性や是非を検討することで意義付けていくことである。

　教育の世界で「省察（反省）」が広まっていったのは，佐藤学がショーンの「反省的実践家」の概念を紹介したことに由来しているといえよう[1]。佐藤がショーンの概念を利用しながら提示した「反省的実践家」について，少し詳細に見ていこう。

　ショーンは，専門家のあり方として，その専門性を科学的な原理や技術で規定していく「技術的熟達者」という概念を提唱している。この考え方は，教職にも適応され，佐藤はその専門的力量を教育学や心理学に基づいた「技術的熟達者」として性格付けられてきたと述べている。これは教師が科学的な知識や技術を習得すること，教育の過程を科学的な原理や技術で説明しようとすることであった。つまり，これらの一連の流れは，心理学や教育学の学術用語をベースとしながら教師全体の共通理解が図られ，教育の合理性や能率性が高くなった反面，いわゆるその教師独自の教育や実践の語りを行うことができなくなったという側面も持っている。

　この技術的熟達者としての教師の枠組みを超えるために，反省的実践家モデルとしての教師像が提言された。それは，教師がその実践現場の中で，問題に対して主体的にかかわり，幼児と生きた関係を結び，その過程の中で得られた経験を概念化すると同時に，理論的な原理を実践の文脈にあわせて対応させることのできるという専門家像である。この反省的実践家モデルの教師像は，保育者に対しても適応され，保育者も日々の保育を省察することが求められているのである。ここで上述した概念から，保育における省察について少し整理をしておこう。

　保育において省察することとは，① これまでの保育実践の経験から実践知を構築すること，② その保育実践における自らの保育行為を吟味し妥当性を検討すること，③ その保育実践において紋切り型ではなく，理論的な原理を文脈に対応させ思考すること，の3つの意味が含まれている。たとえば，何度となく幼児のけんかにかかわっていれば，そこからどう対応するかが身に付いてくる（①）。だが，あるけんかの場面で本当にその仲裁の仕方が正しかったのかどうかを振り返って吟味し（②），幼児の理解や発達に即しながらそれの是非を検討する（③）ことである。

　この保育を省察していくこと，それを通して保育者の専門性を高めていくために，二つの方法がある。一つは，「メンタリング」によるものであり，もう一つ

は「同僚性」によるものである。メンタリングとは、先輩が後輩の専門的自立を見守り援助する活動を意味しており、同僚性とは保育者達が実践の改善を行っていくために協同する関係のことである。これら二つの方法を詳しく見ていく前に、その両者の共通する場であるカンファレンスをとりあげよう。

(2) カンファレンスとは何か？

　カンファレンスとは、多様な意見のつきあわせによって、それぞれが自分の考え方を再構築し、それぞれが成長していくことである[2]。当初、この概念は医療・看護の現場で用いられてきた。医療の世界では、ある患者に対して一人の医師が診察・診断を行ってきた。一人の医師による診断では、ミスがあるかもしれない。そこで、複数の医師や看護師で検討することで、診断ミスへのリスクをより低減するという行為である。

　この医療におけるカンファレンスの考え方が教育・保育の世界にも適応された。つまり「教室王国」と揶揄され一人の教師や保育者が全権を担っている実践現場を他の教師や保育者、あるいは研究者などが入り、その実践について語り合うことである。

　その中で森上は保育を開くためのカンファレンスとして、これを行っていく上で5つの原則をあげている[2]。

① 「正解」を求めようとしないこと。
② ほんねで話し合うこと。
③ 園長や先輩が若い人を導くという関係に固定化しないこと。
④ 相手を批判したり、論争をしようとしないこと。
⑤ それぞれの成長を支え合うということ。

　このようなカンファレンスを通して、前述したように、Doである保育実践をCheckすることが可能になるのである。

　だが、保育実践をほんねで語り合い、相手を批判・論争せず、正解を求めず、役割を固定化することなく、それぞれの成長を支え合うということは非常に難しい。保育カンファレンスが提唱される前までも、園内研修や事例検討会といった様々な名称で行われてきていたが、その蓄積から、幾つかの課題も現れてきた。たとえば、語り合う対等の関係性の難しさ、話し合いの進行の難しさなどである。これらのことは、保育カンファレンスを行う中でも、単に実践について語り合うだけではなく、どのように語り合うのか、何を語り合うのかといったことが保育者の中に共有されていなければならないことを明示している。

2. 個人の省察

(1) 日々の保育を振り返る

　保育を省察するとはどういうことだろうか。ここでは，ある保育者の保育と，その後に行われたカンファレンスを通して，どのような思考をたどり，どのように省察し，その結果，どのように次の保育へとつながっていったのかをたどっていこう。

　けんぱく幼稚園に勤務しているやまだ先生は，保育歴8年であり，5歳児を担任している。まず事例として，ある10月の様子を取り上げてみよう。

　事例を通して，やまだ先生はめぐちゃんへのかかわりが引っかかっていた。だが，カンファレンスがなければ，そのひっかかりはそのまま単なるひっかかりとして，やがて忘れられてしまったかもしれない。しかし，カンファレンスの中で，その日，自分がもっとも気になったかかわりを取り上げ，そのときの自分の思いを振り返り，なぜそのようにかかわったのか，同時にその場での幼児の思いを推察し，もっと異なるかかわりがあったのではないか，また，幼児の思いに

事例　ある10月の日　5歳児の自由遊びの場面

　テラスで，ボウルに粉石けんと水をいれ，泡立て器でかき混ぜて泡を作っている女の子達がいた。それぞれ思い思いの泡を作っては，色紙をちぎって入れて，色を付けている。やまだ先生は，その場にいたあやちゃんに違う色の色紙を出して欲しいと頼まれて，保育室の奥から数種類の色紙を持ってきて，机の上にだした。その後，他の遊びにかかわるため，その場を離れていった。

　その後，やまだ先生は，外でサッカーをしている男の子達と遊んでいた。やがてお片付けの時間が近づき，そろそろお片付けへの声かけをしようと思ったら，めぐちゃんがやってきて，大縄を出して欲しいという。しかし，やまだ先生はもうお片付けが始まるから，明日にしようという。めぐちゃんは，かなりショックだったのか，下を向いていた。

　けんぱく幼稚園でのある一日の中で，後日，カンファレンスとして提出された事例である。これを述べた後，やまだ先生は次のように述べていた。

やまだ先生：やっぱり失敗したなと思ったのは，めぐちゃんとのかかわりでした。実はあの時，明日にしようといった後で，この日の二日前の日にも，遊びの終わりに大縄がしたいっていってきて。そのときも，お片付けだからと出さなかったんですよ。次のお弁当への時間が気になっていて。でも，めぐちゃんにしてみると，その大縄で遊びたいという思いが強く出ていて。昨日か今日にでも，大縄を出して，どこかにおいておけば，もっと早く遊びに取り組むこともできただろうし，僕自身も，気が付いて声をかけてあげればよかったな，と……。

図 13-1　A 幼稚園での自由遊び

も，もっと異なる思いがあったのではないかと考えている。つまり「なんとなく気になっていた」「ひっかかっていた」ものを取り上げ，その多様性を考察することが，個人で自らの保育を振り返り，自らのかかわりに気が付くという「個人の省察」となる。

　保育実践での保育者が気になった場面について，保育者や幼児の視点から，その状況を読みとり，環境構成や保育者の援助について，その可能性を考える。これが省察という行為であり，この行為の蓄積を通して，実践場面における保育者のかかわりの可能性を広げていくことが，保育者として必要なのである。

(2) メンタリングによる学び

　だが，このときカンファレンスに参加していた園長は，やまだ先生が気にしていたかかわりではなく，別のかかわりについて注目していた。

　園長は，やまだ先生に「なぜ泡立て遊びにかかわらないのか」ということを尋ねた。園長が気になったのは，やまだ先生が泡立て遊びに対して積極的にかかわれていない，ということである。

　　やまだ先生：そうですね…。いわれてみると，これまで泡立て遊びはあまり積極的にかかわってないように思います。泡立て遊びは昨年から，女の子達がやっている遊びなので，もうなじんでいるので…。それに僕自身，泡立て遊びにどうかかわっていったらいいのかよくわからない。だから，ものを出してっていわれると，出せるんだけどそれ以上に広がらなくって……。

　ここでやまだ先生は，実は泡立て遊びに積極的にかかわってこなかったのは，遊びの広げ方がよくわからない，幼児達に要求されたことはできるし，泡立て遊びの用意もするけれど，自分が入ることができないと述べている。そこで園長

は，まず幼児達がこの遊びに対してなぜこれほど集中してかかわっているのかを知るために，積極的にかかわっていくように助言する。

　保育を省察するとき，自分自身が気になっていた場面や幼児に対しては，後に振り返り，考察することができる。だが，常に自分自身で気付けるわけではない。そこで，園長や主任，あるいは同僚から助言を受けることがある。このように主として年長の園長や主任である助言者が，保育実践へ適切な助言，指導を行うことで，これまで気が付かなかった援助の展開可能性について知ることができる。このように，園長や主任，先輩保育者から指摘を受け，自分の気が付かなかった援助の展開可能性に気が付くこと，この行為をメンタリングという。つまり保育実践を省察するとき，個々人で自らの気付きを元にしながら，その時々の援助や環境構成について考察する行為と，第三者によって指摘され，助言・指導を受け，援助などを考察する行為とがある。これは個人という単独のものと，指導助言という保育者の非対称的（対等ではない）な関係性の中で行われるものがある。

(3) まとめ － 省察とは展開可能性を考察すること －

　保育は幼児理解から始まり，計画を立て，実践を経て，その実践を省察することへと連関する。その省察はまた次の幼児理解へも繋がるし，同時に保育者自身が実践の中から学ぶ「実践知」の獲得となる。実践知は単に長く保育者を続けること，実践を多くすることだけでは獲得されない。多様な保育場面に身を置き，瞬間瞬間で適切な援助を選択することができるようになる実践知を獲得するためには，保育を省察することにつきるであろう。そこには，自分自身が気付いた点だけではなく，気が付くことのなかった点に対して，注意を喚起する助言者が必要なのである。繰り返しになるが，省察とは，無意識に過ごしてしまいがちな日々の保育を意識化し，その場面場面での展開の可能性を確認することに他ならない。この行為によってこそ，保育者の援助の可能性もまた広がっていくのだ。

　さて，ここまで省察について，個人で行われるものと，園長や主任による助言・指導によるものとを取り上げてきた。しかし，先にも述べているように，本来カンファレンスとは対等な関係で話し合うことが必要になってくる。そこで，次節では，対等な保育者同士のカンファレンスを取り上げながら，共同で省察することをみていこう。

3. 共同の省察

(1) 同僚性とは？

　保育カンファレンスとは，保育実践における保育者の思いや意図を明らかにす

るという「保育を開く」行為である[2]。だが，同時にそこには保育を開くことの難しさがあるだろう。たとえば，大場らは「お互いに冗談などを言い合い，おしゃべりは楽しめるのだけれど，保育の肝心なことについては語り合えないという実践の場が決して少なくない」と述べている[3]。つまり，保育カンファレンスで，助言者-被助言者という上下関係ではなく，対等な関係で話し合う場合には，お互いの保育について語り合うことのできる「同僚性」が形成されていなければならない。

　ここでいう同僚性とは，何でも気軽に話し合えて，気心のしれた仲，というプライベートまで交友のある親和的関係ではない。保育者という専門家にとっての同僚性とは，お互いの保育について，専門家として意見を述べることができる専門家的関係のことである。

(2) カンファレンスでの共同の省察

　前節と同じく，けんぱく幼稚園のやまだ先生とその同僚の先生をとりあげる。先にあげたカンファレンスでの事例である。泡立て遊びに上手くかかわれないやまだ先生。そこで同僚のしろい先生（女性，10年目）が泡立て遊びへのかかわり方について意見をしている。

　このカンファレンスの中で，①・④のようにやまだ先生の事例に対して，しろい先生が遊びの援助の展開可能性を述べている。保育実践を省察するとき，その場面での援助の展開可能性を広げていくことが重要であると述べたが，これは一人では気付けないこともある。そのとき，第三者の専門家である保育者が自らの経験から，展開の可能性を提示することは，保育者同士が積み重ねてきた実践知を共有することとなり，より様々な角度や視点から，保育実践を読み解くことが

しろい先生：やっぱり泡立て遊びだったら，たとえばカップを用意しておいて，それに色んな色の泡を作ってお店屋さんに展開するとか。それか，何かに入れておいて，一日放置して，どうなっているか見てみようって投げかけてみるとか。………①

やまだ先生：うーん，そうですねぇ。………②

園　　長：………。③

しろい先生：昔，やったのは，少し大きなボウルに入れて泡立てて。そこからシャボン玉を作るっていうのにつなげた。そしたら，結構，ダイナミックに動きがあってよかったけど。………④

園　　長：やまだ先生は展開のイメージができていないんじゃない？この遊びがどんな遊びか，どこら辺が楽しいと思っているの？………⑤

やまだ先生：実はそこなんです…。僕自身，泡立て遊びってしたことがなくって，そもそも何が楽しいんだろうって。………⑥

園　　長：一度，何も考えず幼児達と泡立て遊びを楽しんでみたら？………⑦

可能になる。このように複数の視点で，その保育場面での援助の展開可能性を検討することは有効であろう。

　だが，このカンファレンスにおいて，②のようにやまだ先生は，まだその可能性については十分に納得できていないようであった。そこで，園長は⑤のようにそもそもなぜ泡立て遊びにかかわれないのかを考えてきた上で，遊びの魅力を理解していないのではないかと指摘する。そうすることで，⑥のようにやまだ先生は自らが泡立て遊びの魅力がわからないことを告白できるようになった。このやまだ先生の語りが「ほんねで保育を語る」ことである。

　また，ここで園長の発言に着目しよう。しろい先生とやまだ先生の話が盛り上がっているとき，③のように園長はあえて何もいわない時間が多かった。これは，保育者同士で話し合うことを推奨する行為であり，自らが常に主導的にならないよう注意しているからである。

　自らの保育を開き，そこでの自分の思いを臆すことなく語ること，同時にそれに対して正否を下すのではなく，第三者の異なる視点を持つ専門家として，展開可能性や読みとりを語ること，園長は常に主導するのではなく，保育者同士が対等に話し合える雰囲気を作ること。このように，保育カンファレンスの中には，お互いに成長を支えあう「同僚性」という関係性によって成立しているといえよう。そして，このカンファレンスを通して多面的な保育の展開可能性を実現し，これが幼児理解へ，また保育をデザインすることへと結び付いていくのである。

(3) まとめ - 必要なのは保育を批評すること -

　保育カンファレンスでは，個人の省察や助言だけでは確認することのできない多様性を捉えることができる。しかし，それは単に愚痴を言い合うのではなく，「専門家として語り合うこと」が肝要である。そして，それは保育を批評しあうことに他ならないのである。このような経験を通して，保育者は，① 自らの保育について気になった点を振り返る，② 自らの保育について気が付かなかった点に気が付くことができる，③ 保育者間の話し合いの中で，相手の考えを知り，自分の考えを伝え，支え合うことができるという省察を行うのである。これらの省察を通して，保育や幼児に対する新しい理解，新しい認識へと繋がり，それがさらに次の計画（デザイン），次の実践へと繋がるのである。

引用文献
1) 佐藤 学 『教師というアポリア』世織書房，1997年
2) 森上史朗 「『保育を開く』カンファレンス」発達，68，1996年，1～4頁
3) 大場幸夫・森上史朗・渡辺英則「保育カンファレンスのすすめ」保育研究，16巻3号，1995年，5頁

おわりに

▶・「PDCA サイクル」と「保育実践サイクル」の違いについて学ぶ
・幼児理解を起点に据えた保育実践の意義とは？

1.「PDCA サイクル」V.S.「保育実践サイクル」

(1)　「PDCA サイクル」は保育の方法の Brush Up に繋がるのか？

　筆者は，序章において，Plan → Do → Check → Action で循環する「PDCA サイクル」は，今日，学校教育の世界にも広く浸透しつつあることを指摘した。しかし，その勢いは，もはや保育・幼児教育の世界も，多大な影響を及ぼしている。たとえば，2009 年 3 月，厚生労働省は『保育所における自己評価ガイドライン』を提示[1]，そこでは保育現場への「PDCA サイクル」の導入が強調されており，保育指針を踏まえた保育課程の編成や，それに基づく指導計画の作成の際，計画に基づき実践し，その実践を評価し，改善に結び付けることの重要性が示されている。こうした保育・幼児教育の世界における「PDCA サイクル」の浸透は，本当に保育の方法の Brush Up に繋がるのだろうか。

　鈴木[2]は，保育所保育指針作成ワーキンググループでの議論や，特別支援教育における茂木[3]の見解を用いながら，保育・幼児教育の世界における次のような「PDCA サイクル」の危険性を指摘する。① そもそも「PDCA サイクル」は，企業論理のモデル化であるため，その理念を保育・幼児教育の世界に持ち込むことで，幼児の活動が「できた／できない」の評価に陥る可能性がある。② 「PDCA サイクル」の特性上，評価の手段に照らして幼児を見ることが習慣化してしまい，その結果，幼児の内面に息付いている思いや要求を理解することがないがしろにされてしまいかねない。③ 保育実践において重要な臨機応変の取り組みや，幼児の変化への即応性が弱まる危険性がある。つまり，「PDCA サイクル」において問われる保育の専門性は，保育者の計画立案を起点とした保育実践であり，必ずしも幼児理解を起点とした保育実践ではないのである。

(2)「計画」を起点とした保育実践 V.S.「幼児理解」を起点とした保育実践

　他方，本書が提示する理論枠組みは，どこまでも幼児理解を起点に，保育を計

終章　おわりに

画し，実践し，省察することで，新たな幼児理解を再構成するというものであり，その理念は，決して幼児の活動を「できた／できない」という視点で判断するのではない。そうではなく，まずは幼児を見る（観る）ことで，幼児の内面に息付いている思いや要求を理解することから出発し，その幼児理解に基づいて保育を計画し，実践するのである。保育者の計画立案を起点とした保育実践ではなく，保育者の幼児理解を起点とした保育実践を行うことで，保育の方法の Brush Up に繋がるのではないだろうか。

(3) 目標達成のための改善 V.S. 幼児理解の再構成のための省察

　本書が提示する「保育実践サイクル」〔「幼児理解→保育計画（デザイン）→保育実践→省察」の＜4つの専門性（ちから）＞の循環モデル〕が「PDCA サイクル」と異なる点は，その起点が「計画」か「幼児理解」かの違いだけではない。「PDCA サイクル」が目標達成のための Check・Action を行うのに対して，「保育実践サイクル」は，幼児の活動の軌跡を素材としながら，新たな幼児理解を構成するために，省察を行うのである。秋田[4]の指摘を援用すれば，それは幼児をクラス全体のまとまりで見るのではなく，個々の幼児が織りなす経験を重視するのであり，何が行動としてできたかという成果よりも，その幼児の心がどのように動いて行動に至ったのかを問うのである。保育における省察は，幼児理解の再構成を目的に行われるものであり，他方で完璧な幼児理解など存在しないからこそ，保育者は，日々省察するのである。省察に基づく幼児理解の再構成を繰り返すことで，保育の方法の Brush Up に繋がるのではないだろうか。

引用文献

1) 厚生労働省『保育所における自己評価ガイドライン』厚生労働省ホームページ
2) 鈴木佐喜子「保育『評価』をもとめて－保育所保育指針とニュージーランドのアセスメント『学びの物語』－」季刊保育問題研究，第 238 号，2009 年，28～40 頁
3) 茂木俊彦「特別支援教育と地域における共同」現代と保育，第 73 号，2009 年，63～66 頁
4) 秋田喜代美「『保育』研究と『授業』研究－観る・記録する・物語る研究－」日本教育方法学会編『日本の授業研究 下巻 授業研究の方法と形態』学文社，2009 年

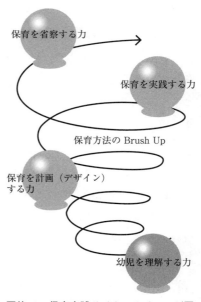

図終-1　保育実践サイクルのイメージ図

索引

あ
挨拶 … 34
アイデンティティー … 61
遊び … 23
アンリオ … 26

い
異質な存在 … 67
一斉活動 … 22
いないいないばあ遊び … 23
異年齢集団 … 60

う
受け入れ … 34
受け止め … 101

え
映像による記録 … 114
NPO … 92
エピソード … 36
　——記述 … 112
園行事 … 22
援助 … 8
園内研修 … 118

お
追いかけ遊び … 29
オーストラリア … 64
鬼ごっこ … 30

か
カイヨワ … 24
帰りの会 … 35
核家族化 … 91
かくれ遊び … 28
学校教育法 … 16, 44
家庭との連携 … 101
環境構成 … 21
関係論的アプローチ … 89
カンファレンス … 123

き
基本的信頼感 … 27
教育機能 … 101
教育力の低下 … 91
共感 … 52
　——力 … 66
共食 … 70
協同する経験 … 51
共同生活者 … 58
共同の省察 … 126
共有 … 52

け
繋合希求 … 58
ケース会議 … 118
ケンカ … 37

こ
降園場面 … 40

索　引

コーナー……………………………………… 33
五感…………………………………………… 11
国際障害分類………………………………… 80
国際生活機能分類…………………………… 80
孤食…………………………………………… 70
個人の省察…………………………………… 125
言葉の発達…………………………………… 62
子ども文化伝承……………………………… 55
コミュニケーション・スキル……………… 66

さ

差別…………………………………………… 67

し

思考力の芽生え……………………………… 44
自己実現……………………………………… 51
指導計画……………………………………… 20
児童福祉法………………………………… 16, 49
自由保育……………………………………… 18
循環モデル…………………………………… 3
障害…………………………………………… 79
小学生………………………………………… 15
省察……………………………………… 3, 14, 121
少子化………………………………………… 91
情報化………………………………………… 91
ショーン……………………………………… 19
食育…………………………………………… 69
　　──基本法……………………………… 69
食を営む力…………………………………… 71
信頼関係……………………………………… 104

す

スペクトラム………………………………… 89

せ

接続期の教育課程…………………………… 93
専門性……………………………………… 1, 41

そ

総合的な学習………………………………… 52

た

対象物の永続性……………………………… 27
他者…………………………………………… 60
　　──受容………………………………… 51
多文化社会…………………………………… 64
多面的………………………………………… 110

ち

地域社会にある資源………………………… 93
地域の資源…………………………………… 94
知的好奇心…………………………………… 45

と

登園場面……………………………………… 38
同僚性………………………………………… 126
都市化………………………………………… 91
トラブル…………………………………… 37, 61
　　──の構造……………………………… 59
取り出し評価………………………………… 117

は

パーテン……………………………………… 25
排除…………………………………………… 67
発達…………………………………………… 25
　　──障害………………………………… 81
反省…………………………………………… 122
　　──的実践……………………………… 111
　　──的実践家…………………………… 122

ひ

ピアジェ……………………………………… 25
PDCAサイクル…………………………… 3, 90
ヴィゴツキー………………………………… 25
表情…………………………………………… 107

ふ

プロジェクト学習…………………………… 52

ほ

保育記録…………………………………… 13, 19
保育行為……………………………………… 8

保育士資格……………………………………… 49
保育者の援助…………………………………… 43
保育者の協同性………………………………… 58
保育の方法……………………………………… 1
保育所における食育に関する指針…………… 71
保育における記録……………………………… 111
保育の計画……………………………………… 15, 115
保育を計画（デザイン）する力……………… 2
保育を実践する力……………………………… 2
保育を省察する力……………………………… 3
ホイジンガ……………………………………… 17, 24

ま
マテマテ遊び…………………………………… 29

み
「見守る」という援助………………………… 67

め
メタ認知………………………………………… 21

メンタリング…………………………………… 123

よ
幼児同士………………………………………… 59
幼児理解………………………………………… 7, 19
　──の再構成………………………………… 130
幼児を理解する力……………………………… 2
幼稚園における学校評価ガイドライン……… 119
幼稚園幼児指導要録…………………………… 117

ら
ラーニング・ストーリー……………………… 112

り
リテラシー……………………………………… 98

れ
連携の基本……………………………………… 101
連続性…………………………………………… 91

[編者・著者]　（　）内は執筆分担

小田　豊（おだ　ゆたか）　元聖徳大学児童学部教授（序章，終章）
中坪　史典（なかつぼ　ふみのり）　広島大学大学院人間社会科学研究科教授（序章，終章）

[編集協力者・著者]　（五十音順）

上田　敏丈（うえだ　はるとも）　名古屋市立大学大学院人間文化研究科教授（13章）
岡田　たつみ（おかだ　たつみ）　帝京大学教育学部教授（1章）
奥山　優佳（おくやま　ゆか）　東北文教大学短期大学部子ども学科教授（11章）
香曽我部　琢（こうそかべ　たく）　宮城教育大学教育学部准教授（10章）
中田（後藤）範子（なかた　ごとう　のりこ）　東京家政学院大学現代生活学部准教授（8章）

[著　者]　（五十音順）

池田　隆英（いけだ　たかひで）　岡山県立大学保健福祉学部准教授（9章）
石井　章仁（いしい　あきひと）　大妻女子大学家政学部准教授（12章）
髙橋　貴志（たかはし　たかし）　白百合女子大学人間総合学部教授（2章）
竹川　慎哉（たけかわ　しんや）　愛知教育大学教育学部准教授（7章）
富田　昌平（とみた　しょうへい）　三重大学教育学部教授（3章）
松浦　浩樹（まつうら　ひろき）　和泉短期大学児童福祉学科教授（6章）
三浦　正子（みうら　まさこ）　元中部大学現代教育学部講師（7章）
三井　真紀（みつい　まき）　九州ルーテル学院大学人文学部准教授（5章）
和田　美香（わだ　みか）　東京家政学院大学現代生活学部准教授（4章）

幼児理解からはじまる保育・幼児教育方法〔第2版〕

2009年（平成21年）12月20日	初 版 発 行〜第9刷
2019年（令和元年）8月30日	第2版発行
2021年（令和3年）8月31日	第2版第3刷発行

編著者　小　田　　　豊
　　　　中　坪　史　典
発行者　筑　紫　和　男
発行所　株式会社 建 帛 社　KENPAKUSHA

〒112-0011 東京都文京区千石4丁目2番15号
TEL（03）3944-2611
FAX（03）3946-4377
https://www.kenpakusha.co.jp/

ISBN 978-4-7679-5110-2　C3037　　　　　壮光舎印刷／愛千製本所
©小田　豊，中坪史典ほか，2009，2019．　　　Printed in Japan
（定価はカバーに表示してあります）

本書の複製権・翻訳権・上映権・公衆送信権等は株式会社建帛社が保有します。
JCOPY〈出版者著作権管理機構　委託出版物〉
本書の無断複製は著作権法上での例外を除き禁じられています。複製される場合は，そのつど事前に，出版者著作権管理機構（TEL 03-5244-5088，FAX 03-5244-5089，e-mail：info@jcopy.or.jp）の許諾を得て下さい。